Resilienz stärken! – Was ist nun zu tun?
Über die Bedeutung von Resilienz für die Gesamtverteidigung Deutschlands

Uwe Nerger

Standpunkte und Orientierungen Band 18
Herausgegeben von Uwe Hartmann

Resilienz stärken! – Was ist nun zu tun?

Über die Bedeutung von Resilienz für die Gesamtverteidigung Deutschlands

Uwe Nerger

2025

Carola Hartmann Miles-Verlag

Bibliografische Information der Deutschen Nationalbibliothek
Die Deutsche Nationalbibliothek verzeichnet diese Publikation in der Deutschen Nationalbibliografie; detaillierte bibliografische Daten sind im Internet über www.dnb.de abrufbar.

© Carola Hartmann Miles-Verlag, Berlin 2025
www.miles-verlag.jimdo.com
email: miles-verlag@t-online.de

Herstellung: Libri Plureos GmbH, Friedensallee 273, 22763 Hamburg

Printed in Germany

ISBN 978-3-96776-096-5

Inhalt

Vorwort

Wann genau die Idee gereift ist, dieses Buch zu schreiben, ist mir nicht mehr genau erinnerlich. Es muss so etwa Mitte des Jahres 2024 gewesen sein, kurz nachdem ich als Kommandeur des Landeskommandos Mecklenburg-Vorpommern meinen Anteil an der Heimatschutz-Übung „NATIONAL GUARDIAN 2024" im Rostocker Seehafen beendet hatte. Wann sich für mich die notwendige Verknüpfung von „Gesamtverteidigung" und „Resilienz" ergeben hat, kann ich hingegen sehr genau sagen: Es war nach einem Vortrag am 19. Januar 2025. In Consrade bei Schwerin war ich als ehemaliger Kommandeur und Brigadegeneral a.D. gebeten worden, zu Angehörigen des Johanniterordens über das Thema „Gesamtverteidigung" zu sprechen. Wie bei Vortragsveranstaltungen üblich, gab es am Ende die Möglichkeit, sich mit den Teilnehmenden auszutauschen. Hierbei kam auch das Thema der Resilienz zur Sprache. Ich fragte einen Herrn, ob er sich selbst als resilient beispielsweise gegenüber „Fake News" beurteilte und die Angehörigen der Schweriner Kommende (vergleichbar einer Sektion) im Falle einer Bedrohung die notwendige Widerstandskraft aufböten, einem Aggressor Paroli zu bieten. Wir stellten fest, dass es mit „der Resilienz" nicht „so einfach sei". Das betrifft sowohl die Frage, was Resilienz grundsätzlich ausmacht als auch wie sie sich im täglichen Leben erkennen bzw. herstellen lässt.

Seither sind vier Monate vergangen. Deutschland hat sich weiter mit sich selbst beschäftigt. Dabei hat sich meines Erachtens unsere sicherheitspolitische Lage seit diesem Abend dramatisch verändert. Deutschland und seine Verbündeten können sich nicht mehr sicher sein, die Vereinigten Staaten von Amerika im Falle einer militärischen Eskalation in Europa wie noch in der Zeit der Biden-Administration an ihrer Seite zu wissen. US-Präsident Donald Trump greift erneut auf das Instrument der Handelszölle zurück und nimmt sogar in Kauf, die Weltwirtschaft zu schwächen. Dadurch könnte die deutsche Wirtschaft und mit ihr unser Sozialstaat einmal mehr unter Druck geraten. Zudem wird die frisch gebildete Regierung mit Friedrich Merz als Bundeskanzler die zugesagten Milliarden für den Klimaschutz und zur Finanzierung der im Koalitionsvertrag eingegangenen Kompromisse bereitstellen müssen. Was in meinen Augen in dieser Zeit völlig zu kurz gekommen ist, ist die Frage nach der Selbstverantwortung der Bürger unseres Landes. Mahnungen wie „Es kann so nicht mehr weitergehen! Leute, wir müssen den Gürtel enger schnallen. Wie haben über unsere Verhältnisse gelebt. Wir müssen anpacken!" sind nicht zu hören.

Das gilt gerade auch für die Verteidigung. Sie ist wie ein Haus, das mit „bescheidenen Mitteln" zu renovieren ist. Der „Bestand" ist in einem „etwas runtergekommenen" Zustand. Der Kredit ist bewilligt, wird aber nicht annähernd ausreichen. Der Rest wird durch Eigenleistung sichergestellt: Zum Beispiel durch eine neue Pflicht zum Dienen, wie auch immer sie ausgestaltet werden wird. Über die Stärkung der Zivilen Verteidigung habe ich dagegen kein Wort gehört. Dabei wird sie über Erfolg oder Misserfolg der Landesverteidigung entscheiden. Selbstverantwortung betrifft das Engagement im Ehrenamt, die Besetzung von freien Arbeitsplätzen, die Beschleunigung der Erlangung von Ausbildungsabschlüssen, den pfleglichen Umgang mit öffentlichem Eigentum, das Einstellen der „Schwarzarbeit", das zeitlich befristete Einfrieren weiterer Forderungen von Berufsverbänden und Interessenvertretungen, etc. Der Begriff „Eigenverantwortung" taucht im Koalitionsvertrag zwar auf, bezieht sich allerdings nur noch auf Umwelt, Ernährung, Pflege und Kunst.

In den Medien wurde zuletzt viel über Verteidigung berichtet. In verteidigungswichtigen Dingen halten sich die meisten Deutschen für nur eingeschränkt urteilsfähig. Wie sieht es bei Ihnen aus, verehrte Leserin und verehrter Leser? Wissen Sie, dass Verteidigung neben der militärischen auch eine zivile Komponente beinhaltet? Dass sich aus diesen beiden Komponenten die Gesamtverteidigung zusammensetzt? Wahrscheinlich kennen Sie das ein oder andere einschlägige Dokument dazu oder haben zumindest davon gehört. Aber ist Ihnen klar, dass Sie selbst als Bürgerin und Bürger unseres Landes darin im Mittelpunkt stehen? Fragen Sie sich bisweilen, was das, worüber in den Medien geredet oder geschrieben wird, für Sie und Ihre Familien bedeutet? Wenn ich nun Ihr Interesse geweckt haben sollte, fragen Sie sich vielleicht: Wo kann ich nachlesen, was Politiker über Verteidigung sagen und Journalisten kommentieren? Wie kann ich mich schnell zu diesem Thema „schlau machen"?

Mit diesem Buch möchte ich zu Ihrer Informiertheit zum Thema Gesamtverteidigung beitragen. Sie erhalten von mir einen kurzen, allgemeinverständlichen Überblick über die „Nationale Sicherheitsstrategie", die „Rahmenrichtlinien für die Gesamtverteidigung", die „Verteidigungspolitischen Richtlinien" und die „Konzeption Zivile Verteidigung". Darüber hinaus werde ich Ihnen die „Resilienzstrategie" und den „Operationsplan Deutschland" vorstellen.

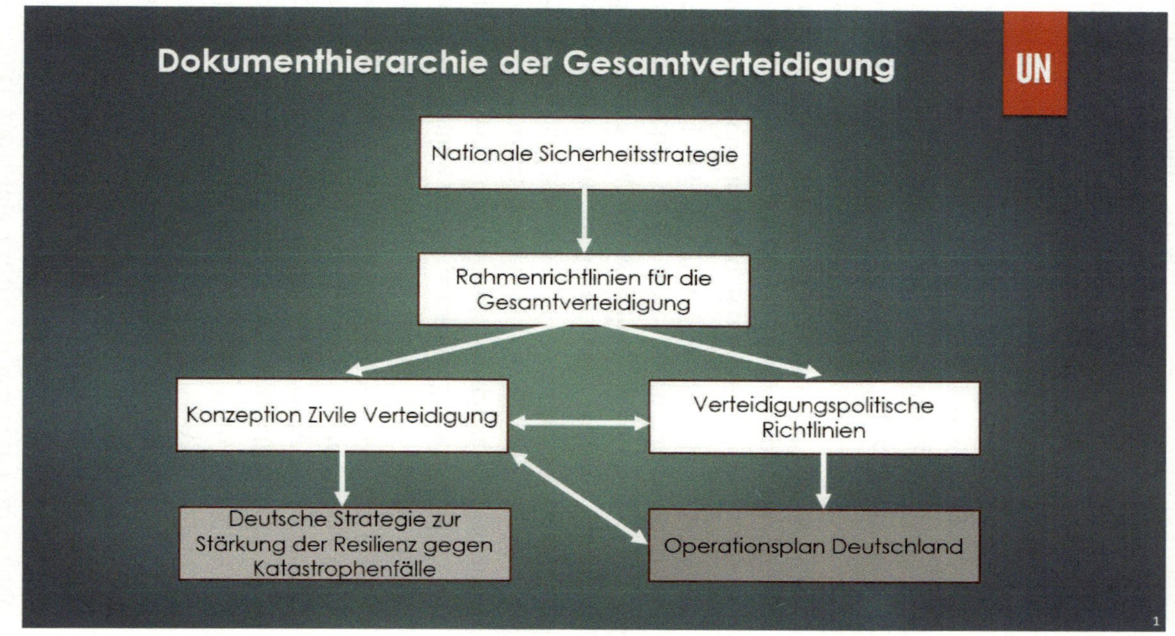

Abbildung 1: Gesamtverteidigung

Alle fünf Dokumente einschließlich der öffentlich verfügbaren Ausführungen zum Operationsplan Deutschland werde ich unter dem Blickwinkel der „Resilienz" betrachten und der Fragestellung „Werden die Begriffe Resilienz oder resilient in den Dokumenten genutzt und in welcher Form bzw. in welchem Sinne?" nachgehen. Es ist nicht meine Absicht, aus diesen Dokumenten eine „Master-Resilienzstrategie" herauszudestillieren, die Sie sich über Ihren Küchentisch hängen können. Ich will Sie auf die für das Thema notwendigen Dokumente der Gesamtverteidigung deshalb aufmerksam machen, weil die öffentliche Befassung mit den Dokumenten meines Erachtens unzureichend bis überhaupt nicht erfolgt.

Diese Dokumente gehen Sie ganz persönlich an, auch wenn deren Verfasser Sie nicht direkt ansprechen und es darin auch nicht eine To-Do-Liste gibt. Die Dokumente sind die Grundlage für die Bildung Ihres eigenen Verständnisses von Gesamtverteidigung und Ihrer eigenen diesbezüglichen Resilienz. In allen Dokumenten stecken nützliche Hinweise. Leider würde allein der Umfang und der Schreibstil dieser Dokumente dazu führen, dass Sie zu einem bestimmten Zeitpunkt aufgeben. Deshalb straffe ich die relevanten Inhalte auf wenige Seiten und halte darin das für Sie Wesentliche fest. Ich möchte Sie mit dem Buch motivieren, sich Gedanken über Verteidigung und Resilienz zu machen und daraus Folgerungen für Ihr eigenes Handeln abzuleiten.

Nach der Lektüre dieses Buches werden Sie die Diskussionen und Beiträge im Fernsehen und in Zeitungen aus einem anderen Blickwinkel betrachten können. Sie werden die Zusammenhänge von Resilienz und Gesamtverteidigung verstehen und vielleicht deutlicher erkennen, aber sicherlich kritischer betrachten und diskutieren können.

Bei der Lektüre werden Sie feststellen, dass ohne Ihr persönliches Zutun weder die Gesamtverteidigung unseres Landes noch die Stärkung unserer Resilienz umsetzbar sein werden. Nur durch Ihr Engagement, liebe Leserin und lieber Leser, hat unser Land eine Chance, sich verteidigen zu können, egal ob zivil oder militärisch, ganz gleich ob in der Landes- oder Bündnisverteidigung. Nur durch Ihr Zutun tragen Sie zu einem Leben in Frieden und Freiheit bei, für Sie selbst, für Ihre Angehörigen und Freunde, unabhängig von Alter und Geschlecht oder von Hautfarbe und Herkunft. Nur bedingt abwehrbereit zu sein ist eine Verschwendung von Ressourcen. Resilienz ist eine Voraussetzung für Verteidigung. Dafür ist die Resilienz der Bevölkerung unverzichtbar. Deshalb ist Ihre ganz persönliche Resilienz als das Rückgrat der Gesamtverteidigung gefragt. Unser Land, unsere Regierung, unsere Bundeswehr müssen auf Sie „bauen" können, Sie sind die Basis für und zugleich das Ziel aller Verteidigungsanstrengungen. Gleichermaßen müssen Sie auf die Klugheit unserer Regierung und die Kriegstüchtigkeit der Bundeswehr bauen können.

Resilienz ist in der heutigen Zeit genauso gefragt wie in den Zeiten des Wiederaufbaus und vielleicht auch wie zu Zeiten des Wirtschaftswunders. Damals wurde gearbeitet, um Deutschland voranzubringen. Ich will nicht soweit gehen zu sagen, dass gelebt wurde, um zu arbeiten. Der Ruf nach dem Staat war damals allerdings nicht allgegenwärtig. Die allgemeinen Umstände, in denen das Leben stattfand, lassen mich heute beschämen. Die Geschichten meiner Tante hören sich an wie aus der

Zeit gefallen. Sechs Kilometer zu Fuß zur Schule. Keine Schulbusse. Kein Geld für Schulhefte. Keine Schulmahlzeiten. Nachmittags auf dem Hof, bei der Ernte etc. helfen. Mit den Freundinnen spielen, wenn das Tagwerk beendet war. Unsere „Altvorderen", die Deutschland wieder aufgebaut und zu wirtschaftlicher Kraft geführt haben, waren robuster als wir es heute sind. Ein persönliches Beispiel: Als ich als Kind beim Radfahren stürzte und mir das Bein blutig schlug, verwandte meine Tante Jod. Meine Kinder dagegen wurden bei solchen Verletzungen mit dem Auto zum Arzt gefahren. Deren Kinder würden heute wahrscheinlich gleich in die Notaufnahme gebracht werden. Wir binden medizinisches Personal, weil wir entweder der Situation nicht mehr gewachsen sind oder einfach nur dem Glauben unterliegen, Anspruch auf „alles" Staatliche zu haben. Ein Freund von mir würde formulieren: „Manche erwarten vom Staat sogar, dass er sie glücklich macht."

Ich habe bis zur Aussetzung der Wehrpflicht im Jahre 2011 den wohl bekanntesten Ausspruch von John F. Kennedy für „abgedroschen" gehalten. Heute bin ich der Meinung, dass seine Forderung auf einem Plakat in jedem deutschen Wohnzimmer hängen sollte: „Frage nicht, was dein Land für dich tun kann, sondern was du für dein Land tun kannst."

Jeder von uns wird in der Verteidigung eine Rolle zu übernehmen haben, jedem wird eine Funktion zugewiesen werden, aktiv oder unterstützend. Wir werden feststellen, dass einer von uns seine Stärke gibt, ein anderer uns unsere Kräfte raubt. Einer wird die Bereitschaft aufbringen, Verantwortung zu übernehmen, ein anderer nicht.

Ihnen wird nach dieser Lektüre deutlicher werden, dass uns diese Themenkombination von Resilienz und Gesamtverteidigung sehr lange begleiten wird. Resilienz in der Verteidigung ist weder eine Eintagsfliege noch eine alle hundert Jahre auftretende Sonnenfinsternis. Das Verlangen nach einer „Friedensdividende" war ein großer Fehler. Dabei wurde nicht nur die Dividende ausgegeben, sondern auch noch der Staatshaushalt unverhältnismäßig belastet. Bereits Friedrich der Große hatte in seinem Politischen Testament aus dem Jahr 1752 formuliert: „Wer dieses Geld im Frieden zur Unzeit ausgibt und im Kriege für große Dinge nichts übrig hat, wer alle seine Einnahmen ohne Rücksicht auf die Zukunft vergeudet und das Volk durch neue Auflagen bedrücken muss, wenn der Staat angegriffen wird, der handelt unvernünftig und eher wie ein Tyrann als wie ein Vater des Volkes."

Nein, Resilienz wird unser ständiger Begleiter sein müssen, unsere Garantie, in der Zukunft jedem Aggressor die Stirn bieten zu können. Das wissen wir spätestens seit 2022. Auch wenn manche Menschen dieses Thema wider besseres Wissen bewusst herunterspielen, wenn sie uns glauben machen wollen, dass die Forderung nach Resilienz reiner Aktionismus sei und dass sie schon bald nicht mehr gebraucht werden würde, weil die Bundeswehr einsatzbereit oder Russland wieder friedlich ist.

Dieses Buch hat einen Anfang, der nicht der Beginn ist. Dieses Buch hat ein Ende, das nicht der Schluss ist. Was meine ich damit? Wenn das Lesen des Vorwortes dieses Buches den Anfang darstellt, sollte Ihnen dennoch klar sein, dass der Beginn von Resilienz viel früher in der Menschheitsgeschichte liegt, aber nun Ihre Arbeit an der Resilienz unseres Landes und Ihrer eigenen erst beginnt.

Wenn Sie den letzten Satz dieses Buch gelesen haben, werden Sie sehen, dass sich neue Fragen anschließen und Sie wie selbstverständlich sich weiter mit dem Thema beschäftigen werden. Vielleicht wird die Frage „Resilienz – Was tun?" irgendwann obsolet werden. Vielleicht nach der Beendigung des Krieges in der Ukraine, vielleicht aber auch erst nach dem Sieg der Demokratie über den Totalitarismus oder nach dem „Ende der Geschichte"[1] mit dem „ewigen Frieden"[2]. Wir wissen es nicht. Klar ist nur: Wir müssen die Möglichkeit eines Krieges immer mit(be)denken.

Eine unserer weiteren Einsichten sollte sein, dass ein Ziel noch lange nicht erreicht ist, wenn es in politischen Dokumenten beschrieben wurde, wenn Wissenschaftler und Journalisten darüber in Büchern oder in Zeitschriften veröffentlichen oder wenn zeitraubend in Talkshows darüber gestritten wird. Daher gilt für mich unverändert der Satz: „Der Name ist nicht das Ding."[3] Der Begriff ist nicht das Resultat. Die Autoren Reto Föllmi und Fabian Schnell haben recht, wenn sie in der „Neuen Zürcher Zeitung" am 29. April 2025 schreiben: „Kein Kredit hat je einen Panzer produziert".

Hierfür ist mehr erforderlich. Wir müssen weg von der Gutgläubigkeit in wohlfeile Rhetorik und hin zur praktischen Umsetzung von Entscheidungen. Das gilt für alle Verantwortungsebenen – des Bundes, der Länder und der Kommunen, das gilt für die Politiker auf der

---

[1] Francis Fukuyama, Das Ende der Geschichte, New York 1992

[2] Immanuel Kant, Zum ewigen Frieden, Königsberg 1795

[3] "The map is not the territory". Alfred Korzybski, Ohne Titel, ohne Ort, 1933

Orts-, Kreis-, Landes-, Bundes- und Europaebene und wiederum für Sie als „Bürger" und Mittelpunkt aller Bestrebungen, die Resilienz unseres Landes zu stärken.

Die Forderung von Politikern nach größerer und beständiger Resilienz in der Gesellschaft muss mit den realen Verhältnissen und Zuständen in Deutschland korrespondieren, also mit Ihrem Leben, mit dem „wirklichen Leben". Politiker dürfen dieses nicht aus den Augen verlieren. Dazu gehört auch die Einsicht, dass viele der 84 Millionen Einwohner in unserem Land kein Interesse an einer Befassung mit dem Thema der Resilienz haben. Ihr Leben wird von anderen Themen bestimmt. Dazu zählen beispielsweise Migration, bezahlbare Mieten, Steuern, Preissteigerungen, Lebenshaltungskosten, Rezession, Bekleidung, Kitas, aber auch die 35-Stunden-Woche, Telearbeit, Work-Life-Balance, Rente ab 63 und vieles mehr. Bei einigen Menschen dürfte es nur um das Maslowsche „Essen, Trinken, Schlafen" gehen.[4]

Wenn Innenministerin Nancy Faeser am 13. Juli 2022 mit der „Deutschen Strategie zur Stärkung der Resilienz gegenüber Katastrophen. Umsetzung des Sendai Rahmenwerks für Katastrophenvorsorge (2015–2030) – Beitrag Deutschlands 2022–2030" „einen öffentlichen Dialog darüber anstoßen (will), wie Deutschland resilienter werden kann…" und im Vorwort der Hoffnung Ausdruck verleiht, dass alle „Interessierten … sich in den Umsetzungsprozess einbringen und die Weiterentwicklung der Strategie mitgestalten: Denn die Resilienzstrategie ist ein Meilenstein auf dem Weg in eine sicherere Zukunft. Lassen Sie uns diesen Weg gemeinsam

---

[4] Siehe Abraham H. Maslow, A Theory of Human Motivation, Bad Hersfeld 2017.

gehen!", dann geht das gelinde gesagt am „wirklichen Leben" vorbei. Allein an der Barrierefreiheit des S-Bahnhofs Alt-Tempelhof in Berlin scheitert manch guter Resilienz-Glaube. Ein beeinträchtigter Mitarbeiter von mir sagte dazu: „Willkommen im richtigen Leben in Berlin".

Ich kann Ihnen nicht sagen, wie hoch die Auflage beispielsweise der „Deutschen Strategie zur Stärkung der Resilienz gegen Katastrophenfälle" ist, wie oft sie heruntergeladen oder im Netz angeklickt, ob sie überhaupt gelesen wurde. Ich weiß aber, dass am Tag der Veröffentlichung der Strategie in mehreren Bundesländern Ferien waren, in Niedersachsen endete der letzte Schultag. Im Fernsehen wurde die Frauen-EM übertragen, Daniela Katzenberger berichtete über Familienglück auf Mallorca, die ARD strahlte passenderweise „Die Flut – Chronik eines Versagens" aus. Judith Rakers wusste in den „20-Uhr-Nachrichten" über „Gasknappheit", „Reaktivierung von Kohle- und Ölkraftwerke", „Heizungen mit erneuerbaren Energien" und „Brexit" zu berichten. Die Resilienzstrategie schaffte es nicht in die „Tagesschau", wurde also nicht, was gepasst hätte, als Vorprogramm zur „Chronik eines Versagens" vorgestellt.

In Hessen traten 56 Fälle von Affenpocken auf. Ich glaube mit Sicherheit behaupten zu dürfen, dass sich mehr Menschen mit der Resilienzstrategie beschäftigt haben als an den Affenpocken erkrankt sind; andererseits bin ich mir genauso sicher, dass mehr Menschen die „Chronik des Versagens" in der ARD geschaut als die Resilienzstrategie gelesen haben. Haben Sie noch eine Erinnerung an diesen Tag?

Für die fehlende öffentliche Wahrnehmung der

Resilienzstrategie tragen nicht nur die damalige Innenministerin und ihre Mitarbeiter Verantwortung. Bestimmt nicht. Zudem ist die Resilienzstrategie nur eines von vielen Dokumenten, mit denen die Politik unser Wissen um die Dringlichkeit der Verteidigung und die Bedeutung von Resilienz erweitern möchte. Insgesamt leider mit mäßigem Erfolg, kann ich doch bis heute keine öffentliche Debatte zu diesem Thema erkennen.

Woran liegt es, dass die politisch Verantwortlichen in weiten Teilen der Bevölkerung und vielleicht auch bei Ihnen wenig bis keine Resonanz erzielen konnten? Warum hat die Politik bis heute nicht nachgesteuert? Warum werden keine besseren und vor allem lesbaren Papiere geschrieben, warum werden diese nicht in der Öffentlichkeit diskutiert? Warum erzeugen sie eine ausgeprägte Resistenz gegen die Beschäftigung mit dem Thema der Resilienz? Dieser Frage werde ich mit Ihnen in der Folge nachzugehen versuchen.

Einleitung

Putin ist in Russland seit über 25 Jahren an der Macht. Zuerst als Ministerpräsident Russlands, dann als Präsident der Russischen Föderation, danach wieder als Ministerpräsident und nun erneut als Präsident. In dieser Zeit hat er naturgemäß viel öffentlich gesagt. Dass Putin sich zu den Sicherheitsinteressen seines Landes äußert, wird von seinen Landsleuten, die in Russland oder im Ausland leben, erwartet. Aussagen von Politikern sind nicht in Stein gemeißelt und sie führen auch nicht notwendigerweise zu einem bestimmten Handeln. Man denke nur an den dem ersten deutschen Bundeskanzler nachgesagten Satz: „Was kümmert mich mein Geschwätz von gestern." Aber Putin ist kein „Schwaller", wenn er über Russlands Stellung in der Welt und seinen Hegemonialanspruch spricht. Zu diesen „Ich-meine-es-so-Reden" zählen seine „Duma-Reden", deren Wahrheitsgehalt mit den Büttenreden zur Karneval- und Faschingszeit vergleichbar ist. Der Unterschied zwischen beiden besteht darin, dass wir den „Duma-Reden" nicht die notwendige Aufmerksamkeit geschenkt haben. Was war geschehen?

In seiner Rede an die Nation im April 2005 bezeichnete Wladimir Putin den Untergang der Sowjetunion als die größte geopolitische Katastrophe des letzten Jahrhunderts. Als Ergebnis befänden sich danach mehrere Millionen russischer Mitbürger und Landsleute außerhalb des russischen Territoriums. Sie sähen sich nunmehr Repressalien ausgesetzt, welche die Russische Föderation nicht länger gewillt wäre hinzunehmen. Es müsse etwas geschehen.

Im Herzen und im Bewusstsein der russischen Menschen ist die Krim ein untrennbarer Teil Russlands.

(Das scheint Donald Trump auch so zu sehen.) Diese Überzeugung, die, so Putin, auf „Wahrheit und Gerechtigkeit" basiere, würde von Generation zu Generation überliefert. Neuneinhalb Jahre nach der oben genannten Duma-Rede war es dann soweit. Voller Stolz konnte Putin 2014 die Mitglieder des Föderationsrates, die Abgeordneten der Duma und die Bürger Russlands sowie der Krim und Sewastopols um ihre Unterstützung „bitten", dem Gesetz über die Aufnahme der Republik Krim als untrennbarem Teil Russlands zuzustimmen und den Vertrag über den Beitritt dieses Gebietes zur Russischen Föderation zu ratifizieren.

In seinen Reden lenkte Putin die Gedanken der russischen Öffentlichkeit auf sein zentrales Thema: „Überlebenskampf". Der Bevölkerung trichterte er subtil ein, dass es auf die zentrale Frage nach der Garantie der Sicherheit Russlands nur eine Antwort geben könne: die russische Bevölkerung in den nunmehrigen „Beitrittsgebieten" vom Joch der Unterdrückung zu befreien. Wir erinnern uns: Das waren Worte desselben Putins, den Altkanzler Gerhard Schröder noch am 3. Mai 2014, also kurz nach Putins Duma-Rede, als einen „lupenreinen Demokraten" bezeichnete.

In einer weiteren Rede an die Nation zeigte sich Putin sehr beunruhigt. In der Ukraine wären nun Nazis und Antisemiten an der Macht. Und besorgt war er auch über die fundamentale Bedrohung Russlands, die verantwortungslose Politiker im Westen Jahr für Jahr, Schritt für Schritt, grob und ungeniert vorangetrieben hätten. Durch die Ausdehnung des Nordatlantischen Verteidigungsbündnisses (NATO) nach Osten sei die Grenze Russlands schon heute in akuter Gefahr. Was solle erst werden, wenn die Ukraine morgen der NATO beiträte, fragte er.

Putins Narrative von der größten geopolitischen Katastrophe, der Untrennbarkeit der Krim von Russland und der Notwendigkeit, der krebsartigen Ausdehnung der NATO bis an die russische Grenze endlich Einhalt zu gebieten, fanden kaum Resonanz in der deutschen Politik und Öffentlichkeit – bis er schließlich erneut angriff.

Am 24. Februar 2022 fielen russische Streitkräfte in die Ukraine ein und brachten viele Ukrainerinnen und Ukrainer bestialisch um. Für die Grauen der Massaker steht die Stadt Butscha. Das Töten hat bis heute kein Ende genommen.

Die (geo-)politischen Auswirkungen dieses eklatanten Völkerrechtsbruchs sind noch nicht absehbar, nicht zuletzt aufgrund der Amtsübernahme von US-Präsident Donald Trump. Die Aufarbeitung dieses Angriffskrieges wird wahrscheinlich eines zeigen: Russland kann nur einen Pyrrhussieg erringen. Auf Pyrrhus[5] geht der Spruch zurück: „Noch so ein Sieg und wir sind verloren." Auch Putin wird diesen Krieg, so vermute ich, gewinnen, er wird ihn dann aber teuer erkauft haben. Die NATO ist mit dem Beitritt Finnlands (2023) und Schwedens (2024) maßgeblich gestärkt worden. Bislang neutrale Staaten suchten dringend ihre Sicherheit vor Putin unter dem „Schutzschirm" der NATO. Die Osterweiterung beruhte nicht auf einem aktiven Buhlen der NATO um zwei weitere Mitglieder, sie war vielmehr eine fast panische Reaktion zweier Staatsregierungen auf die blanke Angst ihrer Bevölkerungen. Zudem

---

[5] Ein gescheiter griechischer König und Feldherr, 300 v.Chr.

nahmen sie ihr durch die Vereinten Nationen zugesagtes Selbstbestimmungsrecht wahr. Heute hat die NATO 32 Mitglieder.

Die NATO hatte unmittelbar nach der Annexion der Krim auf ihren Gipfeltreffen in Wales 2014 und Warschau 2016 Entschiedenheit und Geschlossenheit demonstriert. Dazu gehörte beispielsweise die Verpflichtung aller Mitgliedsstaaten, zwei Prozent ihres Bruttoinlandsprodukts (BIP) für die Verteidigung zu investieren.

Auch die Europäische Union (EU), wenn auch deutlich später, zog in ihren eigenen Verteidigungsanstrengungen nach und legte am 4. März 2025 einen 800 Milliarden schweren Kredit für Rüstung und Ausrüstung auf. Damit sollen nationale Defizite behoben und Fähigkeitslücken in der Verteidigung geschlossen werden. In der EU hatte die Verteidigungspolitik bis zu diesem Zeitpunkt „quasi keine Rolle gespielt", räumte die EU-Kommissionspräsidentin Ursula von der Leyen ein. Die Mitgliedsstaaten der EU waren vor dem Krieg in der Ukraine selten so geeint aufgetreten wie seitdem. Als ein wegweisendes Zeichen der Geschlossenheit kann das Weißbuch der EU vom 19. März 2025 angesehen werden. Es zeigt fünf mögliche Szenarien für die Zukunft der EU auf: 1: Weiter so wie bisher; 2: Schwerpunkt Binnenmarkt; 3: Wer mehr will, tut mehr; 4: Weniger, aber effizienter und 5: Viel mehr gemeinsames Handeln. Darüber gilt es noch Einvernehmen zu erzielen.

Deutschland im Februar 2022

Für viele Menschen in Deutschland kam der Angriff am 24. Februar 2022 total überraschend. Dies traf selbst auf den Präsidenten des Bundesnachrichtendienstes (BND) zu. Sonst hätte er sich nicht an diesem Tage in Kiew aufgehalten.

Es hatte für den Autor zwischen 2014 und Februar 2022 keine wahrnehmbare, inhaltliche Kommunikation der politischen Verantwortlichen mit den Bürgern über sicherheitspolitische Fragen im Allgemeinen und die seit 2014 entstandene Bedrohungslage und deren mögliche Konsequenzen für die „Komfortzone Deutschland" im Besonderen gegeben. Die Lage stand unter dem Merkel'schen Motto: „Alles darf so bleiben wie es ist." Und das, obwohl die NATO seit dem Gipfeltreffen in Wales vor nunmehr über zehn Jahren in ihren Verteidigungsanstrengungen volle Fahrt aufgenommen hatte. Die Befassung der Öffentlichkeit mit der Annexion der Krim und deren Konsequenzen für die europäische Sicherheitsarchitektur, aber auch die absehbar sich verschlechternde wirtschaftliche Lage in Deutschland war erkennbar nicht gewollt. Von beiden Seiten nicht, also weder von der Politik noch von der Gesellschaft. Die Politik wollte „weiter so" machen, die Bevölkerung, aber auch die Wirtschaft wollten „in Ruhe gelassen" werden. Die preiswerten Gaslieferungen aus Russland durften auf keinen Fall gefährdet werden. Und wenn doch einzelne Journalisten oder sicherheitspolitische Experten kritische Fragen aufwarfen, wurde ihnen vorgeworfen, bloß ihr „Steckenpferd zu reiten". Andere, von der Politik als vermeintlich dringlicher und wichtiger erachtete Themen standen bis zum Angriff Russlands auf die Ukraine im Vordergrund. Viele sahen dafür gute Gründe: Intensive sicherheitspolitische Debatten hätten unseren guten wirtschaftlichen Beziehungen zu Russland geschadet. Im Jahr 2015 unterzeichneten deutsche Politiker und Wirtschaftsvertreter sogar noch erste Verträge für den Bau von Nord Stream 2. Für die damalige Bundeskanzlerin Angela Merkel (CDU) stellte die Annexion der Krim kein Hinderungsgrund für die Fortführung dieses Projekts dar. Offensichtlich glaubte sie fest an den „Wandel durch Handel", wie die Westdeutsche Zeitung am 11. März 2025 zu berichten wusste. Der Zweitligist Schalke 04 entfernte seine „Gazprom"-Trikotwerbung erst nach dem Überfall.

Und was bewegte die Deutschen sonst noch Anfang 2022? Natürlich die Themen Migration, AfD, AKW-Laufzeiten, Strompreisbremse, Bürgergeld, Legalisierung von Cannabis und das Gendern. Und die Frage nach den Erfolgsaussichten der Ampel-Regierung.

Auch wenn der Autor vorgreift, kann festgestellt werden, dass erst in der Folge des russischen Angriffskrieges eine längst überfällige sicherheitspolitische Bestandsaufnahme in Gang kam, erst danach „neue" Papiere entstanden und „alte" Papiere an die aktuelle Lage angepasst wurden oder einen neuen verteidigungspolitischen Anstrich erhielten. Themenbezogene Beispiele für „Neues" waren die seit Jahren überfällige „Deutsche Strategie zur Stärkung der Resilienz gegen Katastrophenfälle" vom 13. Juli 2022 und die „Nationale Sicherheitsstrategie" vom 14. Juni 2023. Angepasst wurden die „Verteidigungspolitischen Richtlinien" vom 9. November 2023, an deren Präsentation der Autor selbst teilnahm, und die „Rahmenrichtlinien Gesamtverteidigung" vom 5. Juni 2024. Die in die Jahre gekommene und bis heute unverändert gültige „Konzeption Zivile Verteidigung" vom 24. August 2016 musste erst wieder bekanntgemacht werden. Ehrlicherweise sollte gesagt werden, dass die Notwendigkeit der politischen Befassung mit sicherheitspolitischen Themen von außen, also von Russland, aufgezwungen wurde. Die Öffentlichkeit hatte das alles wenig bis überhaupt nicht tangiert; die meisten Menschen in Deutschland blieben bei ihrem bisherigen, vom damaligen Bundespräsidenten Horst Köhler so bezeichneten „freundlichen Desinteresse" – nicht nur an der Bundeswehr, sondern auch an sicherheitspolitischen Fragen.

Der russische Angriff auf die Ukraine wirkte wie ein Katalysator, was die Meinungen der Deutschen zur Erhöhung des Verteidigungshaushaltes, zur Allgemeinen Wehrpflicht und zur Wertschätzung des soldatischen Dienstes betrifft.

Abbildung 2: Grundlagendokumente zur Gesamtverteidigung

Die Regierungserklärung vom 27. Februar 2022

Am Vorabend der Regierungserklärung

Unmittelbar nach dem Angriff am 24. Februar 2022, noch drei Tage vor der Regierungserklärung von Bundeskanzler Olaf Scholz, schlug die Stunde der Experten. Jedes große Ereignis, ob Katastrophe, Pandemie oder Krieg, will auch medial begleitet werden. Fachleute kommen zu Wort, die erklären, einordnen und nicht selten ihre persönlichen Ansichten als Expertise vermarkten, was sie eigentlich nicht tun sollten. Bereits im Laufe des ersten Angriffstages prognostizierte ein pensionierter General der Bundeswehr in einer Politshow: „Militärisch gesehen ist die Sache gelaufen. Und meine Bewertung ist, dass es nur um ein paar Tage gehen wird und nicht mehr." Prognosen der Experten trafen dann ein oder auch nicht. Manche Kommentare waren sehr gut, andere hingegen sehr allgemein verfasst, einige aus der Luft gegriffen. Die Zuschauer hingen dennoch an ihren Lippen, die Medien machten vom Expertenwissen reichlich Gebrauch. Vermutlich mangelte es an der Verfügbarkeit von qualifiziertem Personal aus der Regierung und dem Verteidigungsressort. Die bereitwillig eingesprungenen Experten standen für alle Fragen zur Verfügung, einige von ihnen waren auf dem Monitor „omnipräsent". Warum sagt der Autor das? Er spricht das Expertentum aus drei Gründen an. Erstens leisten nicht alle Experten einen „Spitzenjob". Zweitens haben Experten, gerade wenn sie in den Medien auftreten, eine Verantwortung für ihre Expertise und damit auch für die Menschen, an die sie sich richten. Sie beeinflussen Menschen, deren Meinungen und deren Handeln.

Der Autor wurde mehrmals unfreiwillig in nicht-parteipolitischen Veranstaltungen gezwungen, Äußerungen eines pensionierten Generals zu kommentieren oder sich für diese zu rechtfertigen. Denn die zu hinterfragenden Aussagen stammten ja von einem (ehemaligen) Angehörigen seines Berufsstandes. Der Autor durfte allerdings sein zum Teil sicherheitsmäßig „eingestuftes" Wissen nicht nutzen, um das „offene" Wissen der Experten zurechtzurücken. Drittens wurde durch Experten der Zustand der Bundeswehr bewertet, wurden „Missstände" ausführlich aufgezeigt, deren Ursprung bereits in der aktiven Zeit dieser Experten zu erkennen war. Leider unterblieb die kritische Frage, wo diese Experten zum Zeitpunkt von Weichenstellungen, welche die Entwicklung der Bundeswehr oder der deutschen Verteidigungspolitik negativ beeinflussten, eingesetzt waren und welche Funktion sie damals bekleidet hatten.

Es gereicht dem Bundeskanzler zur Ehre, dass er sich der Kriegssituation zügig persönlich angenommen hat, ging doch der ein oder andere Experte bereits zu Beginn des Angriffskrieges davon aus, dass er bald vorüber sein würde.

Experten argumentieren aus der begrenzten Sicht ihres Fachgebietes. Ehemalige Militärs beispielsweise bewerten Ereignisse vor dem Hintergrund ihrer Erfahrungen insbesondere aus ihrer Dienstzeit in der Bundeswehr. Der Zuschauer sollte sich immer vor Augen halten, welches Wissen und welche Erfahrungen den jeweiligen Experten legitimieren, über diese Themen zu reden. Manche von ihnen folgten dem Putinschen Narrativ der „Spezial-Militäroperation", drängten der Öffentlichkeit ihre Sicht wahlweise subtil, offen, laut, nachdenklich, bestimmt, beharrlich, ausgewogen oder überzogen auf. Das Ergebnis war, dass die meisten Zuschauer das Schicksal der Ukrainerinnen und Ukrainer als besiegelt erachteten. Deutschland solle nun, so verkündeten Experten, das Hauptaugenmerk schnell darauf richten, die Ukraine diplomatisch vor einem totalen Zusammenbruch zu bewahren und sich der humanitären Katastrophe nach Beendigung der Kriegshandlungen anzunehmen. Keiner der Experten konnte sich vorstellen, dass die Ukrainerinnen und Ukrainer ihr Land verteidigen wollten und dabei bis heute eine für uns unvorstellbar hohe Resilienz zeigen.

Bei uns dagegen herrschte in den ersten Tagen nach dem russischen Überfall eine politisch-moralische „Entrüstung"; von einer militärischen „Aufrüstung" war noch nicht die Rede. Über das Kriegsende hinaus gehende Fragen wurden diskutiert, beispielsweise ob und wann die baltischen Staaten das nächste Ziel von Putins Großmachtsucht seien, ob Weißrussland als Russlands Verbündeter in den Krieg eingreife, ob der „Suwalki-Korridor", ob China…, ob der Iran…, ob, ob, ob… Die Politik ging anfangs nicht davon aus, dass die Spezialoperation lange dauern würde, somit sich eine materielle Unterstützung der ukrainischen Armee nicht mehr vor dem Ende der Kriegshandlungen auswirken könne und daher nicht von Nutzen sein würde. Die Bundesministerin der Verteidigung Christine Lambrecht bot am 26. Februar 2022 in ihrer naiv-unsensiblen Art noch schnell 5000 „Schutzhelme" an. Schutzhelme? Schutzhelme! Wir deutschen Soldaten sahen uns dem Spott der Presse und auch unserer Alliierten ausgesetzt, ertrugen noch dreizehn Monate lang unglückliche mediale Auftritte der Inhaberin der Befehls- und Kommandogewalt, und das nicht nur zu Silvester.

Kaum einer gab für das Überleben der Ukraine als souveränem Staat sprichwörtlich auch nur einen ukrainischen Pfennig, einen Kopijok. Der überaus unpatriotische Spruch der siebziger und achtziger Jahre machte hinter vorgehaltener Hand die Runde: „Lieber rot als tot.“ Doch die tapferen Ukrainer und Ukrainerinnen zeigten uns deutlich unseren Denkfehler auf: „Schließe nicht von dir auf andere!“

Die übermenschliche Widerstandskraft und der existentielle Überlebenswille der Ukrainerinnen und Ukrainer – „lieber tot als rot“ – schien den Deutschen völlig fern zu liegen. Das war das Ernüchternde und zugleich Bedrückendste für den Autor in jenen Tagen: Kaum ein Mensch um ihn herum traute der ukrainischen Bevölkerung diesen Verteidigungswillen, diese Wehrhaftigkeit und Widerstandskraft zu. Dieses war die Stunde der Resilienz, der Resilienz eines Staates und seiner Bevölkerung, wie es sich die NATO bereits 2014 für ihre Mitglieder auf die Fahne geschrieben hatte.[6]

Bundeskanzler Scholz meldet sich zu Wort

Der 27. Februar 2022 wird mit der „Zeitenwende-Rede“ von Bundeskanzler Olaf Scholz sicherlich positiv verbunden bleiben; sie sollte nicht nur bei der

---

[6] Each NATO member country needs to be resilient in order to withstand a major shock such as a natural disaster, failure of critical infrastructure, or a hybrid or armed attack. Resilience is the individual and collective capacity to prepare for, resist, respond to and quickly recover from shocks and disruptions, and to ensure the continuity of the Alliance's activities. Civil preparedness is a central pillar of Allies' resilience and a critical enabler for the Alliance's collective defence, and NATO supports Allies in assessing and enhancing their civil preparedness. Wales Summit Declaration, https://www.nato.int

ansonsten teilnahmslosen deutschen Bevölkerung deutliche Spuren hinterlassen. Das Wort „Zeitenwende" wird Wort des Jahres 2022, löst den „Wellenbrecher" ab und wird ein Jahr später durch „Krisenmodus" ersetzt. Die Bild-Zeitung machte sich schnell einen eigenen Reim auf die Scholz'sche Zeitenwende-Rede: „100 Milliarden Euro extra für die Bundeswehr", als Schulden. Hielt er wirklich nur eine Einzelplan 14-Rede, die nur den Verteidigungshaushalt betraf? Oder wollte er vielmehr eine „Es geht ein Ruck durch die Bevölkerung-Rede" halten, die, wie die Schlagzeile der Bild-Zeitung veranschaulicht, allerdings ohne Wirkung blieb? Tatsächlich mangelte es der Rede ein wenig am glaubhaft spontanem „Ehrlich-Empathischen". Aber der Reihe nach.

Die Abgeordneten des Deutschen Bundestags waren eigens zu einer „Sonntagssitzung" zusammengekommen, die öffentlich-rechtlichen Fernsehanstalten übertrugen sogar live in ihren Hauptprogrammen. In dieser „Wort für Wort-Rede", aber keiner „Sonntagsrede", ernsthaft mit ruhendem Puls ohne Wumms, von der CDU/CSU sichtlich bestaunt, international beäugt, las Bundeskanzler Scholz den Mitgliedern des Deutschen Bundestages sowie den zuschauenden Bürgerinnen und Bürgern vor, welche Sorgen ihn umtreiben und welche Gegenmaßnahmen er plane. Er sagte: „Viele von uns haben noch die Erzählungen unserer Eltern oder Großeltern im Ohr vom Krieg, und für die Jüngeren ist es kaum fassbar: Krieg in Europa."

Als Zuschauer ging der Autor davon aus, dass Bundeskanzler Scholz an dieser Stelle die Deutschen darauf vorbereiten wollte, die Gürtel enger zu schnallen, die Sirenensignale auswendig zu lernen, Wasser zu bevorraten und sich mit den Themen Dienstpflicht und Ehrenamt intensiver zu beschäftigen.

Bundeskanzler Scholz führte weiter aus: „Wir erleben eine Zeitenwende. (...) Im Kern geht es um die Frage, ob Macht das Recht brechen darf, ob wir es Putin gestatten, die Uhren zurückzudrehen in die Zeit der Großmächte des 19. Jahrhunderts, oder ob wir die Kraft aufbringen, Kriegstreibern wie Putin Grenzen zu setzen." Es geht nun also um eine wehrfähige Gesellschaft! Um eine Beendigung der Aussetzung der Wehrpflicht!

Der Dreiklang von „Eltern oder Großeltern" über „Großmächte des 19. Jahrhunderts" zu „Kriegstreibern wie Putin" ist allerdings bemerkenswert. Das vage gehaltene Mittelstück seines stilistischen Triptychons, die „Großmächte des 19. Jahrhunderts" – Frau Merkel sprach am 13. März 2014 übrigens vom „Handeln nach den Mustern des 19. Jahrhunderts und 20. Jahrhunderts im 21. Jahrhundert" und meinte damit ebenfalls Putin – machte eine Interpretation nicht gerade leicht und ließ viel Raum für Spekulationen. Was könnte Scholz gemeint haben? Etwa Russland und den Krimkrieg von 1853-1856 und/oder Preußens Kriege mit den Dänen 1864, den Österreichern 1866 oder Franzosen 1870-1871?

Was könnte Scholz mit dem Hinweis auf „unsere Eltern oder Großeltern" gemeint haben? Nur deutsche Eltern und Großeltern? Meinte er mit dem „20. Jahrhundert" das Dritte Reich oder die Verantwortung der Deutschen für zwei Weltkriege? Und dann der Vergleich Hitlers mit Putin!

Scholz endet mit der Frage: „...ob wir die Kraft aufbringen, Kriegstreibern wie Putin Grenzen zu setzen".

Wie will er „Kriegstreibern" denn nun begegnen?

Die Frage „ob wir die Kraft aufbringen" könnte beim zweiten Lesen des Kontextes einen faden Beigeschmack hinterlassen. Denn er reduziert diese Kraft zu stark auf den finanziellen Aspekt. Damit unsere Kinder, Enkel und Urenkel die fürchterlichen Kriegserfahrungen unserer Eltern und Großeltern nicht teilen müssen, verkündete unser damaliger Bundeskanzler, die Bundeswehr „einmalig mit 100 Milliarden Euro" auszustatten. Kraft durch Schulden.

Scholz verengt den Blick also auf eine rein finanzielle Problemlösung, auf eine Leistung des Staates in Form eines Sondervermögens, eines „solidarischen Beitrags" – keiner Solidarität mit der Ukraine, sondern als Solidarbeitrag für das NATO-Bündnis. Ein zweiprozentiger Bruttoinlandsprodukt-Anteil, zu dem sich die Bundesrepublik Deutschland bereits im Jahre 2014 auf dem NATO-Gipfel in Wales verpflichtet hatte. Ein 100 Milliarden-Sondervermögen bedeutet einen Anstieg des Verteidigungshaushaltes in den Jahren 2023-2026 bzw. 2022-2025 auf 80 Milliarden Euro pro Jahr. Aber, fügt Bundeskanzler Scholz fast entschuldigend hinzu, das Gute an diesem solidarischen Beitrag sei, dass er nicht völlig uneigennützig sei, weil „wir" mit dem Geld ja auch etwas für uns, „für unsere eigene Sicherheit" tun.

Scholz legte dar, dass sich nicht alle Bedrohungen der Zukunft mit den Mitteln der Bundeswehr „einhegen lassen." Nicht „alle Bedrohungen der Zukunft" bedeutet im Umkehrschluss aber auch, dass sich fast alle Bedrohungen militärisch einhegen ließen.

Will Scholz also doch die Bürger für die „Rest-Einhegung" in die Pflicht nehmen? Für die zivile Verteidigung beispielsweise? Und was heißt überhaupt „nicht alle Bedrohungen"? Was heißt „Einhegen mit den Mitteln der Bundeswehr"? Welche Bedrohungen sollen wann, wie und wo eingehegt werden können? In der Landesverteidigung? In der Bündnisverteidigung? Im internationalen Krisen- und Konfliktmanagement?

Es drängt sich der verstörende Eindruck auf, dass mit dem „Einhegen von Bedrohungen" fast ausschließlich die Soldaten der Bundeswehr gemeint sein könnten, also der fleckgetarnte Anteil der Bürger unseres Landes, die „Staatsbürger in Uniform". Der „Rest", also alle „Staatsbürger in Zivil", wären davon scheinbar nur am Rande betroffen. Die zivile Bevölkerung in der Bundesrepublik Deutschland (ob Staatsbürger oder Einwohner) kann es sich durch die Betonung auf das Sondervermögen und die Fokussierung auf den Bundeshaushalt in ihrer Rolle als bloßer Steuerzahler bequem machen und sich wie Zuschauer eines Spektakels fühlen, das sie nicht persönlich betrifft. Wie sagte Kanzler Scholz so schön: „… ich bin Bundesfinanzminister Lindner sehr dankbar".

Der Autor vermisst in der Rede ein Wort zur Verantwortung der Staatsbürger für ihr Land, die Bundesrepublik Deutschland. Ein Wort zu Eigen- und Selbstverantwortung der Menschen. Eventuell ein Wort zur notwendigen Solidarität der 14 Prozent der Menschen in Deutschland, die keinen deutschen Pass haben und damit auch nicht einer Allgemeinen Dienstpflicht unterliegen würden.

Aber gehen wir noch einmal zurück zum „Herzstück" der Zeitenwende-Rede, zurück zum „Sondervermögen Bundeswehr". Das „Zwei-Prozent-Bruttoinlandsprodukt-Ziel" des NATO-Gipfels von Wales von vor acht Jahren, zu dessen Umsetzung sich Deutschland bis zum

Jahre 2024 mit allen damals 27 Mitgliedsstaaten verpflichtet hatte, wurde nachweislich und nicht umgesetzt. Dieses Trittbrettfahren oder „Schmarotzen" hatte Trump schon während seiner ersten Amtszeit mächtig aufstoßen lassen und führte in 2025 erneut zu einer Zerreißprobe innerhalb der NATO. Alle Bundesregierungen in den letzten beiden Jahrzehnten hatten es unterlassen, die Bundeswehr ausreichend zu finanzieren. Die bereits 2014 eingegangene Verpflichtung, die Verteidigungsausgaben bis spätestens 2024 auf zwei Prozent des BIP zu erhöhen, kam einzig und allein wegen des russischen Angriffskriegs zustande, auf den Scholz mit dem „100-Milliarden-Paket" reagierte. Putin war als „Beschleuniger" dem noch an seiner Wiederwahl arbeitenden Trump lediglich zuvorgekommen. Deutschland musste erkennen, dass der österreichische Psychologe und Autor Paul Watzlawick recht hat: das Gegenteil von schlecht muss nicht gut sein – es kann noch schlechter sein. Deutschland wurde nun aus zwei entgegengesetzten Richtungen, aus Ost und West, in die Zange genommen.

Niemand hat sich bis dato der Frage gewidmet, ob Russland die Ukraine in 2022 überhaupt angegriffen hätte, wenn die NATO-Staaten die Wales-Vorgaben erfüllt hätten und voll verteidigungsfähig gewesen wären. Der Autor ist fest davon überzeugt: Ohne den Putinschen Angriffskrieg hätte es kein Sondervermögen in Deutschland gegeben. Ohne das Sondervermögen hätte Deutschland das Ziel von Wales nicht erreicht.

Diese Kausalität von Angriffskrieg und Sondervermögen hätte hypothetisch bei Laien und Experten den Eindruck erwecken müssen, dass die Bundesregierungen die Sicherheit Deutschlands und seiner Bürger in der Zeit vor 2022 als nicht bedroht und auch für die nächsten zehn Jahre (das war die angenommene Rekonstitutionszeit bei Aussetzung der Wehrpflicht) als nicht in Gefahr angesehen haben. Hätten sie eine Bedrohung oder Gefahr erkannt, gleichzeitig aber die Verteidigungsfähigkeit nicht mit den der NATO zugesagten Mitteln hinterlegt, so hätten die Regierungen grob fahrlässig gehandelt. Scheinbar wurde eine unmittelbare Bedrohung oder Gefahr aufgrund der russischen Annexion der Krim und des Krieges in der Ostukraine für die Bundesrepublik Deutschland nicht gesehen, sonst hätte mit der deutschen Umsetzung der Ziele von Wales bereits zu diesem Zeitpunkt begonnen werden müssen. Oder anders ausgedrückt: Deutschland hätte wohl kaum die 100 Milliarden für die festgestellten eklatanten Defizite benötigt, wenn eine konsequente Umsetzung des Zwei-Prozent-Ziels bereits ab 2014 erfolgt wäre. Heute wissen wir, dass eher 500 Milliarden Euro erforderlich sein werden.

Diese Umsetzung wurde aber von der Politik nicht angegangen. In der Bevölkerung und im sicherheitspolitischen Meinungsbild der Bürger musste sich folgerichtig der Eindruck festsetzen, dass die von Militärs und dem BND-Präsidenten 2014 an die Wand gemalte Bedrohung nur ein Vorwand gewesen sei, eine Art Lobbyarbeit an sich selbst, um über einen höheren Etat verfügen zu können. Denn: Wollte man der Regierung keine Fahrlässigkeit in der Vergangenheit unterstellen, wenn sie eine nicht-verteidigungsbereite Bundeswehr unterhielt, musste die militär- und sicherheitspolitisch bewertete Lage folgerichtig mit der unzureichenden Materialausstattung und dem fehlenden Personal der Bundeswehr als beherrschbar oder „einhegbar" betrachtet worden sein. Beherrschbar durch eine – in Bezug auf die Ziele von Wales – unterfinanzierte Bundeswehr.

Der Autor stellt hier fest: Die Bundesregierungen haben bis 2022 in ihrer Verteidigungspolitik durch Unterfinanzierung der Bundeswehr versagt. Sie haben gegen das Grundgesetz verstoßen: „Der Bund stellt Streitkräfte zur Verteidigung auf."[7]

Das Einhegen der gegenwärtigen und zukünftigen Bedrohungen liest sich nach Darlegung von Bundeskanzler Scholz als eine ausschließliche Durchführungsangelegenheit der Bundeswehr, einer Berufsarmee. Musste der Zivilgesellschaft noch bis 2011 klar sein, dass die militärische Verteidigung eine Pflicht des Bürgers als des geborenen Verteidigers seines Landes ist (der Ausspruch geht auf den preußischen General Gerhard von Scharnhorst zurück), so wurde mit der Aussetzung der Allgemeinen Wehrpflicht diese auch in den Köpfen auf „null" gesetzt. Allen Politikern hätte bewusst sein müssen, dass die Landes- und Bündnisverteidigung nicht mit 200.000 Soldatinnen und Soldaten, einschließlich der darin enthaltenen Wehrübungstage für Reservisten, zu leisten ist. Man beruhigte sich mit der Annahme, eine zehnjährige Rekonstitutionsphase zu haben. Dies ist ein „sich selbst eingeräumter" Zeitraum „Pi mal 2011-Daumen", der zur Verfügung stehen würde, bevor Russland angriffsfähig sein würde. Die Rekonstitution hätte bereits 2014 in den Köpfen aller Politiker präsent sein müssen, und dennoch schrillten nicht die Alarmglocken, wurde der „Schalter nicht sofort umgelegt".

Die Bundesrepublik Deutschland und ihre Rekonstitu-

---

[7] Siehe auch Dirk Freudenberg, Die Wehrpflicht als verfassungsrechtliches Gebot, Themen der Zeit, ZRP 1/2024, S. 18

tionsfähigkeit zur Gesamtverteidigung haben acht Jahre verloren, acht Jahre, um einen Angreifer glaubhaft abzuschrecken oder ihm die Stirn zu bieten, sollte er wirklich zum Mittel des Krieges greifen. Der Autor sagt bewusst Gesamtverteidigung, da die Zivile Verteidigung um keinen Deut besser dasteht als die militärische. Das Schlimmste an der Situation ist doch: Deutsche Politiker hätten es – besser – wissen müssen, hätten wissen können, dass über kurz oder lang die „gesamte" Ukraine im Fadenkreuz von Putins Aggression stehen würde.

Das Freiwilligkeitsgebot für den Dienst in den deutschen Streitkräften gilt unverändert. Selbst nach dem Angriffskrieg auf die Ukraine, selbst nachdem Scholz feststellte, dass sich nicht alle „Bedrohungen der Zukunft mit den Mitteln der Bundeswehr einhegen" ließen und obwohl das Parlament mehrmals durch die letzten drei Wehrbeauftragten des Deutschen Bundestages über die defizitäre Personalausstattung unterrichtet worden war, änderte sich nichts.

Hier nur drei von unzähligen Beispielen: der Wehrbeauftragte Hellmut Königshaus kritisierte in seinem Bericht 2014, dass der Personalstand „auf Kante genäht" sei, Soldaten mehrmals in den Einsatz gingen und dadurch regelrecht verbraucht würden.

Der Wehrbeauftragte Dr. Hans-Peter Bartels unterrichte mit seinem Bericht 2020, also sechs Jahre nach der Annexion der Krim: „Die angekündigten Trendwenden für mehr Personal und Material lassen auf sich warten."

Die Wehrbeauftragte Dr. Eva Högl stellte nochmals mit ihrem Bericht 2024 klar: Dem eigenen Ziel der Bundeswehr, bis 2031 insgesamt 203.000 Soldatinnen und

Soldaten zu haben, sei sie erneut nicht nähergekommen. Ende 2024 habe es lediglich 181.174 aktive Soldatinnen und Soldaten gegeben.

Fazit: Es wurde viel geredet und auch einiges unternommen, aber nichts erreicht. Hinzu kommt, dass die Begründungen zur Personalmisere der Bundeswehr zum Teil abenteuerlich anmuten. Auf den Gedanken, die Situation mit Entschlossenheit und Beharrlichkeit abzustellen, kam bisher niemand. Es wurde geklagt und bemängelt, der Mangel aber nicht abgestellt. Selbst der Vorschlag, die widerrufliche Verpflichtung freiwillig Wehrdienstleistender[8] auszusetzen, wurde als politisch nicht gewollt verworfen. Es war kaum zu glauben. Hierzu noch einmal Dr. Eva Högl: „Die Bundeswehr schrumpft und wird älter." Dennoch sagte sie zur Wiedereinführung der Wehrpflicht: „Das ist weder modern noch hilft es der Bundeswehr in irgendeiner Art und Weise, ihr Personalproblem zu lösen." Eine Wehrpflicht, die weder die beschränkten Möglichkeiten der Bundeswehr für Ausbildung und Unterbringung berücksichtige und zum Beispiel Frauen außen vorlasse, könne nicht zum nötigen Personalaufwuchs führen: „Das ist illusorisch." Abschließend wies sie darauf hin, die Möglichkeiten der Bundeswehr für Ausbildung und Unterbringung seien nicht nur beschränkt, sondern auch nicht „modern".

Der verteidigungspolitische Sprecher der SPD-Bundestagsfraktion, Falko Droßmann[9], sagte am 18. März 2025: „Zum anderen ist die schiere Masse an

---

[8] Ein freiwillig Wehrdienstleistender kann zu jedem Zeitpunkt in den ersten sechs Monaten ohne Angabe von Gründen kündigen.

[9] Droßmann warf der CDU/CSU wegen der Wehrpflichtdebatte Populismus vor.

Wehrdienstleistenden aber auch gar nicht notwendig." Der Autor fragt sich, wofür die „schiere Masse" nicht notwendig sei? Nicht notwendig für die Landesverteidigung? Als der Autor mit seiner Kompanie an der Grenze stand, war der Abgeordnete Droßmann 15 Jahre alt. Es ist keine Schwäche, sich die Argumente lebenserfahrener Generale anzuhören, die sagen, dass eine Verteidigung mit dem derzeit vorhandenen aktiven Personal einschließlich Reservisten nicht sichergestellt werden kann, zumal ein Krieg gerade in seinen ersten Tagen viele Opfer unter den Soldaten fordern würde, die schnell ersetzt werden müssen. Droßmann weiter: „Viel entscheidender ist die Aufwuchsfähigkeit der Bundeswehr." Der Autor fragt sich, was der ehemalige Oberstleutnant Droßmann mit „Aufwuchsfähigkeit" meint. Zurzeit haben wir rund 181.000 Soldatinnen und Soldaten. Das Ziel bis 2030 sind 203.000. Das sollen wir erreichen, indem wir alle jungen Menschen anschreiben und über die Möglichkeiten, die sie in der Bundeswehr haben, informieren? Das sollen wir erreichen, wenn die Frauen darauf antworten können, die Männer es müssen? Der Autor traut seinen Augen nicht. Hat Herr Droßmann einen Überblick, wen er anschreiben will? Wieviel Soldaten hat Deutschland bei einem Krieg vorzuhalten, wenn es zu massiven Verlusten kommt? „Wir schreiben junge Menschen an." Bei Droßmanns Argumentation heißt es, tief durchzuatmen.

Warum wurde die Aussetzung der Wehrpflicht drei Jahre später, als Putin die Krim annektierte, nicht erneut im Parlament zur Abstimmung gebracht? Wer übernimmt die Verantwortung dafür, dass die „Möglichkeiten der Bundeswehr" bis heute beschränkt sind und auch noch einige Jahre so bleiben werden? Wer ist verantwortlich dafür, dass Frauen „außen vor" sind? Warum unterblieb der Versuch, die Grundgesetzänderung am 18. März 2025 auch auf den Artikel 12a auszuweiten? Ohne eine ausreichende Zahl an Soldaten und Reservisten ist die Bundeswehr nach der Vollausstattung mehr ein Materiallager als eine kriegstüchtige Armee.

Als Zyniker würde der Autor sagen: Wozu braucht die Bundeswehr heute mehr Personal? Sie hat doch noch viel zu wenig Material. An der Aussetzung der Wehrpflicht wird vermutlich auch eine „100-Prozent-Ausstattung an Material" nichts ändern.

Kommen wir zurück zur Regierungserklärung. Bundeskanzler Scholz benutzt darin den Begriff der Resilienz. „Deshalb werden wir unsere Resilienz stärken, technisch und gesellschaftlich, zum Beispiel gegen Cyberangriffe und Desinformationskampagnen, gegen Angriffe auf unsere kritische Infrastruktur und Kommunikationswege." Für die Einhegung von Cyberangriffen, Desinformationskampagnen, Angriffen auf die kritische Infrastruktur und auf Kommunikationswege sah Scholz die Bundeswehr offensichtlich nicht in der Pflicht. Derartige Angriffe im Frieden werden den hybriden Bedrohungen zugeordnet. Hybride Angriffe kombinieren zivile und militärische, reguläre und irreguläre sowie offene und verdeckte Mittel, Methoden, Taktiken und Strategien. Sind die Angriffe attributierbar, können sie also einem staatlichen oder nicht-staatlichen Akteur zugeordnet werden, sprechen wir von der Führung eines hybriden Krieges. Scholz vermied diesen Begriff. Mit der hybriden Kriegsführung befänden wir uns im Bereich der Gesamtverteidigung. Für die zivile Verteidigung wurde an diesem Tag jedoch kein Euro in

Aussicht gestellt.

Bundeskanzler Scholz nutzt die gängigen Verallgemeinerungen „wir" und „unsere". Wen genau er mit „wir werden" und „unsere Resilienz" meint, gehört in einer Regierungserklärung zweckmäßigerweise näher erläutert. Wenn der Redner dieses nicht tut, dann muss der Zuhörer davon ausgehen, dass dieses so gewollt ist, um schwammig zu bleiben. Derartige Ausdrucksweisen finden wir bei fast allen Politikern, wenn sie sich nicht festlegen wollen. Bei einem „wir" und „unsere" bleibt unklar, wer im Zweifelsfalle was, wann, wo und wozu zu tun hat. Es ist eine Floskel, derer sich alle Menschen bedienen, wenn sie sich scheuen, Verantwortlichkeiten klar und exakt zu benennen.

Der Begriff Resilienz in der Regierungserklärung

Kommen wir erneut auf Scholz' Aussage zur Resilienz zurück: „Deshalb werden wir unsere Resilienz stärken, technisch und gesellschaftlich, zum Beispiel gegen Cyberangriffe und Desinformationskampagnen, gegen Angriffe auf unsere kritische Infrastruktur und Kommunikationswege."

Was ist unter „Resilienz stärken, technisch" zu verstehen? Was bedeutet im Unterschied dazu „Resilienz stärken, gesellschaftlich"? Kann damit vielleicht auch die Stärkung der technischen und gesellschaftlichen Resilienz gegen Cyberangriffe und Desinformationskampagnen, gegen Angriffe auf unsere kritische Infrastruktur und Kommunikationswege gemeint sein?

Scholz nutzt Resilienz im Zusammenhang mit Cyberangriffen und Desinformationskampagnen. Beides ist der Zivilverteidigung zuzuordnen, fällt somit nicht grundsätzlich in den Aufgabenbereich der Bundeswehr.

Der Autor versucht an dieser Stelle einmal, die Wörter „wir" und „unsere" aus der Rede des Bundeskanzlers für sich und seine Leser zu deuten. Scholz könnte damit zweierlei meinen. „Wir werden unsere Resilienz stärken" bedeutet bei der Betonung auf „wir", dass er die Regierung, weniger das Parlament, in der Pflicht sieht. „Wir" sind die Stärkenden. Läge die Betonung hingegen auf „unsere", bedeutete es, die der Bevölkerung oder der Gesellschaft zu stärken, immer unter der Prämisse, dass er die Resilienz der Regierung und der Abgeordneten als gegeben betrachtet. Damit wäre die Gesellschaft das Objekt der Stärkung. Nach mehrmaligem Anhören der Rede muss der Autor eingestehen, dass die Betonung weder dem einen noch dem anderen zweifelsfrei zuzuordnen ist, sondern auch auf dem „deshalb", also auf der Begründung für die Stärkung der Resilienz liegen könnte. Und damit dürfen Sie sich selbst aussuchen, was gemeint sein könnte.

Ganz gleich wie man das Gesagte hört oder liest, die Verwendung des Begriffes der Resilienz ist an dieser Stelle unglücklich gewählt. Im Zusammenhang mit der Bundeswehr davon zu sprechen, sollte sich verbieten. Die Bundeswehr hat nicht den Auftrag, resilient zu sein, sie muss verteidigungsfähig und einsatzbereit sein. Einsatzbereitschaft und Verteidigungsfähigkeit schließt sicherlich Resilienz mit ein, geht aber darüber deutlich hinaus. Man stelle sich vor, der Stellvertreter des Generalinspekteurs hätte am Ende der Übung NATIONAL GUARDIAN 2024 in Rostock festgestellt: „Die Truppe ist resilient." Resilienz ist und bleibt ein Charakteristikum, ist keine Kompetenz. Sie ist ein Teil dessen, was die Bundeswehr und ihre Soldatinnen und Soldaten ausmacht: höchste personelle Einsatzbereitschaft, ungebrochener Einsatzwillen und vorbildliche Wehrbereitschaft. Die Truppe in Rostock wurde demzufolge am Grad ihrer Einsatzbereitschaft gemessen.

Bezöge der damalige Bundeskanzler die Notwendigkeit, unsere Resilienz zu stärken, hingegen wie vermutet auf die Gesellschaft, dann ist ein 100-Milliarden-Paket, das der Bundeswehr zugutekommt, dafür kein gutes Mittel. Die zivile Verteidigung ist in dem Sondervermögen nicht abgebildet. Das Geld ist ausschließlich für die Bundeswehr vorgesehen: dem Bau von Kampfflugzeugen und Panzern, der Weiterentwicklung des Eurofighters sowie der Anschaffung der Heron-Drohne und des Kampfflugzeugs F-35. Eine Stärkung der gesellschaftlichen Resilienz wird damit nicht unmittelbar erreicht. Dabei wäre sie, wie auch Scholz erkennt, für die erforderliche „große nationale Kraftanstrengung" unverzichtbar.

Wie weit kann die Stärkung der gesellschaftlichen Resilienz gelingen und welchen anderen Gedanken könnte Scholz damit verbinden? Eine resiliente Gesellschaft impliziert auch deren Bereitschaft, sich dem Gedanken an einen Dienst in der Bundeswehr zu öffnen. Dazu hätte es allerdings gehört, die Gesamtheit der Probleme in der Bundeswehr klar zu benennen. In Sachen Personal hatte Bundeskanzler Scholz wohl das Problem nicht als dringlich beurteilt, sonst hätte er am 14. Mai 2024 in Stockholm nicht gesagt: „Es geht letztendlich darum, wie können wir es erreichen, dass wir genügend Frauen und Männer davon überzeugen, in der Bundeswehr zu arbeiten und dort eine Aufgabe für sich zu finden." Scholz will noch Frauen und Männer für den Dienst in der Bundeswehr überzeugen, während nicht nur der Autor festzustellen glaubt, dass Tausende an zusätzlichen Soldatinnen und Soldaten bereits schon morgen ausgebildet sein müssen. Es ist keine Zeit mehr da, um zu fragen! Welches Zeichen setzt der Inhaber der Befehls- und Kommandogewalt im Falle eines Krieges, wenn er öffentlich bekennt, dass „wir" „genügend Frauen und Männer davon überzeugen" müssen, bei der Bundeswehr zu „arbeiten"? Mit Fragebögen? Fragebögen, die nur von den Männern verpflichtend zurückgesendet werden müssen? Haben der Bundeskanzler und der Bundesminister der Verteidigung diese Vorgehensweise besprochen? Hatte der militärische Berater des Kanzlers diesem gesagt, dass ein Fehl an Personal in den Streitkräften ein wirklich ernst zu nehmendes Problem darstellt? Sollte ein aktiver General öffentlich sagen, dass das Personalproblem der Bundeswehr nicht gelöst wird, wenn es dabei bleiben sollte, dass Dienstpflichtige frei entscheiden können, ob sie ihren Dienst bei der Bundeswehr ableisten oder beispielsweise im Umweltschutz? Sollte er den Kanzler dafür in der Öffentlichkeit kritisieren? Was rät der Kanzleramtsminister? Was ist mit den militärischen „Experten" im Bundeskanzleramt? Was ist mit der Leitung des Bundesamtes für das Personalmanagement der Bundeswehr? Sollen sie den verantwortlichen Politikern nach dem Munde reden und sagen, mehr Soldaten kämen zur Unzeit, weil weder das Material noch die Infrastruktur vorhanden seien, von ausreichenden Ausbildungskapazitäten und Ausbildungspersonal ganz zu schweigen? Fakt ist, dass die fehlenden Soldaten auch in Zukunft fehlen werden, wenn nichts zügig unternommen wird.[10] Wir sprechen hier von einem Fehl an aktiven Soldaten in

---

[10] Siehe auch NDR 1 Radio MV | Nachrichten aus Mecklenburg-Vorpommern | 03.05.2024 | 16:00 Uhr

einer geschätzten Größenordnung von mindestens 20000 „Mann“. Die NATO fordert von Deutschland noch einen viel größeren Personalaufwuchs. Fragebögen hülfen nur bedingt, um dieses Defizit zu beheben. Das sollen nun, so wurde entschieden, 5000 Freiwillige pro Jahr bringen. Diese „Lösung“ hat einen kleinen rechnerischen Haken, wenn von einer Verschärfung der Bedrohung und einem möglichen Angriff innerhalb von nunmehr vier Jahren gesprochen wird. General a.D. Jörg Vollmer sagte dazu in einem Symposium am 25. Januar 2025: „Wenn unser Generalinspekteur zu Recht sagt, wir müssen bis 2029 verteidigungsbereit sein. Und dann gesagt wird, wenn wir das nicht schaffen, geht die Truppe mit dem, was sie hat… dann passt doch hier was nicht zusammen!“

Wer weiß außerhalb der Bundeswehr schon, dass die Streitkräfte im Frieden für die Professionalisierung kriegstüchtiger Mannschaftssoldaten in der Regel bis zu zwei Jahren benötigen, für Feldwebel bis zu fünf Jahren und für Offiziere bis zu zehn Jahren? Dennoch glaubte Bundeskanzler Scholz neulich zu wissen, das Personalproblem bei der Bundeswehr sei „überschaubar“.

Scholz geht in seiner Rede an keiner Stelle auf ein notwendiges „Opfer“ der Gesellschaft ein. Dabei wäre es eine günstige Gelegenheit gewesen zu sagen: „Es kommen demnächst härtere Zeiten auf uns alle zu!“ Oder: „Wir müssen unsere Resilienz stärken und die endet nicht vor ihren Wohnungstüren.“ In den Augen des Autors hat er eine wertvolle Chance verpasst.

Es bleibt also nur übrig, jetzt den Geld-Gürtel enger zu schnallen. Den Gürtel der nachfolgenden Generationen. Das ist bereits die „große nationale Kraftanstrengung“? Ich denke, dass Scholz den Nerv der Zeit nicht anbohren wollte: Es ist besser, allgemein eine „nationale Kraftanstrengung" einzufordern, als den Bürgern persönliche Kraftanstrengungen aufzuerlegen. Wer hat schon eine klare Vorstellung davon, was „100 Milliarden" sind? Als Kredit aufgenommen, abgezahlt in vielen Jahren! Durch 80.000.000 geteilt. Das sind doch nur 12.500 Euro pro Bürger verteilt auf vier Jahre – an Steuern. Und wenn dann noch „eine leistungsfähige, hochmoderne, fortschrittliche Bundeswehr, die uns zuverlässig schützt", dabei herauskommt, umso besser.

Der Autor stellt noch einmal die Frage nach dem Adressaten dieser Ansprache, nach dem „Wer ist das ,wir' bei der Frage nach der Resilienz"? Er erinnert noch gut die ersten Tage nach der Regierungserklärung. Die Bürgerinnen und Bürger stellten uns Soldaten Fragen, gerade den Offizieren in Führungsverantwortung. „Wie bekommt ihr den Schutz hin?" „Wie bekommt ihr das Material rechtzeitig heran?" „Das Geld wird doch reichen, oder?"[11] Aber auch wir Soldaten stellten Fragen. „Schaffen wir das personell?"[12] „Reicht Geld allein?" „Reicht die Zeit noch?" „Warum haben wir eigentlich seit 2014 nichts gemacht?" Alles berechtigte Fragen. Für ehrliche Antworten mangelte es oftmals an zwei Dingen: Zum einen hatten nicht alle Generale auf ihrem Dienstposten ein detailliertes Lagebild, zum anderen konnte aber, wenn ein präzises Lagebild vorherrschte, dieses mit der Pflicht des militärischen Führungs-

---

[11] Eva Högl spricht im Jahresbericht 2022 von 300 Milliarden und wird öffentlich fast ausgelacht!

[12] Der Verfasser war im Februar 2022 Abteilungsleiter Personal, Ausbildung und Organisation im Kommando Heer, Strausberg. Die desaströse materielle und personelle Lage war den unterstellten Soldaten bekannt.

personals zur Loyalität gegenüber den verantwortlichen Politikern kollidieren.

Was hätte ein Verantwortlicher im Heer antworten sollen, wenn selbst dessen Inspekteur laut „Der Tagesspiegel" vom 24. Februar 2024 im sozialen Netzwerk „LinkedIn" postete: „…die Bundeswehr, das Heer, das ich führen darf, steht mehr oder weniger blank da." Diese Feststellung wurde von vielen Menschen in der Bevölkerung und in den Medien als geradlinig gefeiert, doch gehört zur ganzen Wahrheit, dass diese Gradlinigkeit zugleich auch Verängstigung und Sorge in der Gesellschaft und auch unter den Soldaten auslöste. Was sollten Vorgesetzte antworten, wenn sie danach gefragt wurden? Kritisiert wurde, warum wir nichts früher gesagt hätten. Warum wir dieses „blank sein" der Öffentlichkeit vorenthielten?

Der Autor wurde vom Militärhistoriker Sönke Neitzel gefragt, warum sich Generale eigentlich „nicht zu Wort meldeten". Die Antwort war so einfach wie unbefriedigend: Weil sie loyal zu ihrem Dienstherrn zu sein haben. Zudem kann ein General sachkundig nur über seinen Verantwortungsbereich sprechen. Der Autor konnte als Abteilungsleiter im Kommando Heer über seine Abteilung, nicht jedoch über das Heer oder die Bundeswehr insgesamt, als Kommandeur über seinen Verantwortungsbereich „Landeskommando Mecklenburg-Vorpommern", nicht jedoch über „Berlin" oder gar das „Territoriale Führungskommando der Bundeswehr" sprechen. Das liegt im Prinzip Aufgabe-Kompetenz-Verantwortung begründet. Über die Motivation anderer Generale, sich nicht zu äußern, obwohl sie die Kompetenz und Verantwortung gehabt hätten, kann und will der Autor nichts sagen.

Technische Stärkung der Resilienz

Kommen wir erneut zu dem eingangs erwähnten Zitat aus der Zeitenwende-Rede von Olaf Scholz zurück: „Deshalb werden wir unsere Resilienz stärken, technisch und gesellschaftlich, zum Beispiel gegen Cyberangriffe und Desinformationskampagnen, gegen Angriffe auf unsere kritische Infrastruktur und Kommunikationswege."

Der Begriff der „technischen Resilienz" bezeichnet die Fähigkeit technischer Systeme, bei Störungen bzw. Teilausfällen nicht vollständig zu versagen, sondern wesentliche Systemfunktionen aufrechtzuerhalten. Der Begriff ist den Ingenieurwissenschaften zuzuordnen. Resilienz bedeutet die technische Widerstandsfähigkeit bei möglichen technischen Störungen und Beschädigungen. Bei resilienten Systemen geht man davon aus, dass trotz erheblicher äußerer Störungen der technische Ausgangszustand schnell wieder erreicht werden kann. Technisch gut entwickelte Systeme er- oder behalten durch ihre Resilienz ihre Funktionsfähigkeit.

Der Bundeskanzler führt im Sinne der Stärkung der technischen Resilienz das Vorantreiben des schnellen Ausbaus „erneuerbarer Energien" an. Er spricht von der CO2-Neutralität des Industrielandes Deutschland, von der Gewährleistung einer sicheren Energieversorgung, vom Ausbau der Kohle- und Gasreserven, von Long Term Options bei Erdgas, von LNG-Terminals und von Grünem Wasserstoff.

Abgesehen vom Beispiel der CO2-Neutralität lässt sich Resilienz als Widerstandsfähigkeit durch Stärkung der Technik in der Energiewirtschaft sowie sichere Speicherung, Produktion und Lieferketten beschreiben.

Das ist nachvollziehbar und klingt logisch. Hingegen sollte die „technische" Stärkung der Resilienz gegen Cyberangriffe und Angriffe auf unsere kritische Infrastruktur ebenfalls mit zusätzlichen Haushaltsmitteln hinterlegt werden, zumal bei der kritischen Infrastruktur die Länder in die Pflicht genommen werden und diese Aufgabe nicht aus dem 100-Milliarden-Topf für die Bundeswehr bestritten werden kann. Am 5. März 2025 hat sich das Parlament auf Initiative von Friedrich Merz auf ein zehn Jahre angelegtes 500-Milliarden-Finanzpaket, das sogenannte „Sondervermögen Infrastruktur", verständigt, von dem 100 Milliarden den Ländern zur Verfügung gestellt werden sollen. Dieser Finanzschub brächte im Durchschnitt rein rechnerisch 625 Millionen Euro pro Jahr und Bundesland. Dieses Geld könne für das Verkehrs- und Energienetz, Krankenhäuser, Bildungs-, Betreuungs- und Wissenschaftseinrichtungen sowie zur Digitalisierung verwendet werden. Dieses Geld, richtig eingesetzt, könnte die Widerstandsfähigkeit technisch deutlich stärken.

Gesellschaftliche Stärkung der Resilienz

Der von Bundeskanzler Scholz benutzte Begriff der „gesellschaftlichen Resilienz" bezeichnet die Fähigkeit einer Gesellschaft, auf externe Schocks wie Naturkatastrophen, wirtschaftliche Krisen oder soziale Umwälzungen effektiv zu reagieren und sich dabei gleichzeitig weiterzuentwickeln. Aber wie sieht es mit Kriegen in der Nachbarschaft oder Angriffen auf das eigene Land aus? Gesellschaftliche Resilienz ist im Gegensatz zur persönlichen Resilienz nicht der Psychologie, sondern der Soziologie zuzuordnen.

Im Internet finden Sie einen interessanten Artikel zur „Resilienz im Sozialen. Theoretische und empirische Analysen" aus dem Jahre 2016.[13] Hiernach ist Resilienz im soziologischen Sinne „die Fähigkeit von Gesellschaften, externe Störungen zu verkraften, ohne dass sich ihre wesentlichen Systemfunktionen ändern".

Bei der gesellschaftlichen Resilienz steht also „die Frage nach der Widerstands- und Regenerationsfähigkeit von Gesellschaften bei Naturkatastrophen, aber auch angesichts komplexer und zunehmend unvorhersehbarer, von Menschen verursachter Risiken"[14] im Vordergrund. Diese Begriffserläuterung zeigt, dass fehlende Resilienz nicht zwangsläufig zu einer Katastrophe führt, aber während einer Katastrophe eine „noch größere Katastrophe" auslösen würde.

Für das übergeordnete Thema dieses Buches ist ein Verfahren von Charlie Edwards aus dem Jahre 2009 von Nutzen, das beschreibt, „welche Faktoren die Resilienz einer Gesellschaft gegenüber Naturkatastrophen … steigern" können. Diese sind Robustheit, Redundanz, Einfallsreichtum und Schnelligkeit. „Robustheit und Redundanz gehören zu den Faktoren der Schadensbegrenzung und Vorsorge, während Einfallsreichtum und Schnelligkeit den Phasen der Krisenreaktion und Erholung zugeordnet werden."

Die von Edwards benannten Faktoren geben die Stoßrichtung vor, in die eine Stärkung der Resilienz von

---

13 Sabine Blum, Martin Endreß, Stefan Kaufmann, Benjamin Rampp: Soziologische Perspektiven. In: Rüdiger Wink (Hrsg.): Multidisziplinäre Perspektiven der Resilienzforschung. Springer VS, Wiesbaden 2016, S. 151-177
14 Nach: J. Birkmann: Measuring Vulnerability to Natural Hazards: Towards Disaster Resilient Societies.

Gesellschaften für den Umgang mit Katastrophen, aber auch für Krisen und Kriege zielen muss.

Scholz führt in Bezug auf die gesellschaftliche Resilienz ein Entlastungspaket an, dass die Abschaffung der EEG-Umlage, die Erhöhung der Pendlerpauschale, den Heizkostenzuschuss für Geringverdiener sowie Zuschüsse für Familien und steuerliche Entlastungen umfasst. Diese Beispiele haben mit Robustheit und Einfallsreichtum im o.g. Sinne wenig bis nichts gemein. Und wie muss sich der Zuhörer eine „gesellschaftliche" Stärkung der Resilienz z.B. gegen Desinformationskampagnen und Angriffe auf Kommunikationswege konkret vorstellen? Und was hat all das mit dem Sondervermögen für die Bundeswehr zu tun? Garnichts. Das Sondervermögen wird für die militärische, nicht für die Zivile Verteidigung bereitgestellt.

Erkenntnisse

An dieser Stelle möchte der Autor seine Erkenntnisse über Resilienz aus der Regierungserklärung vom 27. Februar 2022 zusammenfassen. Die Botschaften des damaligen Bundeskanzlers Olaf Scholz richten sich an drei Adressaten: a) die Politik; b) die Gesellschaft, Wirtschaft, aber auch Bundeswehr, etc. (oder allgemein nach außen gerichtet); c) an das Individuum (an den Bürger oder weiter gefasst die Bevölkerung). Manche Botschaften treffen sogar auf zwei oder alle Adressaten zu.

Kanzler Scholz spricht vor allem die Verantwortung der eigenen Regierung an und appelliert auch an die Wirtschaft. Die Bürger bittet er nur um „Kenntnisnahme". Dabei hätte er gerade die Verantwortung der Bürger für unseren Staat stärker herausstellen müssen. Diese

Verantwortung muss deutlich formuliert werden, damit sich keiner aus der Verantwortung stehlen kann, auch nicht der Bundeskanzler aus seiner Verantwortung, die Verantwortung der Bürger und Bürgerinnen unseres Landes sowie der Gesellschaft insgesamt herauszustellen.

Der Autor hört für sich als wesentliche Erkenntnis heraus: weiter so mit mehr Geld „auf Pump". Er fühlt sich an einen Werbespot der Sparkasse aus dem Jahr 2011[15], den Sie vielleicht auch kennen, erinnert: Der Vorstandschef der „08/15 Bank" hat ein Problem: „Die Kunden laufen uns davon." In einer Krisensitzung werden zwei strategische Konzepte vorgestellt, um dem Problem zu begegnen: Die Bank macht sich zukunftsfähig oder sie verteilt „Fähnchen als Werbemittel".

Die Situation in der Zeitenwende-Rede ist doch ähnlich: „Uns ist die Verteidigungsfähigkeit abhandengekommen." Der Bürger erwartet, wenn sich schon der Bundeskanzler am Sonntag zu Wort meldet, eine Lösung des Problems. Welchen „Plan" oder welche „Strategie" hat Olaf Scholz parat, um Deutschland und seine Bürger und Bürgerinnen vor einem möglichen Angriff durch Russland zu schützen? Was kommt auf die Zivile Verteidigung, was auf die militärische Verteidigung, was auf jeden Einzelnen zu? Was sagt er zu Eigenverantwortung und Vorsorge, zu gesellschaftlichem Engagement beispielsweise im Ehrenamt oder in den Streitkräften und der Reserve? Wie will er den zivilen „Verteidigungsrückstand" wieder aufholen? Was erwartet der Bundeskanzler von den Bürgern? Was müssen diese leisten? Was bedeuten diese Anstrengungen für die

---

[15] https://www.youtube.com vom 17. Juli 2011

Zivile Verteidigung, um die Bevölkerung zu versorgen und zu schützen? Kann dies ohne eine Eigenleistung funktionieren? Sagt der Bundeskanzler den Bürgern und Bürgerinnen die ganze Wahrheit? Liegt die Lösung allein in den „100 Milliarden Euro"? Die damalige Politik erinnert den Autor an den Bankchef aus der Werbung, der vor der Komplexität der Aufgabe zum widerspruch- und konfliktlosesten Mittel greift: „Okay, wir machen das mit den Fähnchen."

Nach der Regierungserklärung bleibt für die Resilienz festzuhalten:

> ➢ Wir müssen uns technisch und gesellschaftlich stärken.

Für den Leser ist vermutlich unstrittig, dass in Deutschland mehr geschehen muss, um der Bedrohung durch Russland und möglicherweise sogar einem kriegerischen Angriff begegnen zu können. Da in der Zeitenwende-Rede kein Plan für den Umgang damit erkennbar war, richtete der Autor sein Augenmerk auf eine kurze Zeit später veröffentlichte Strategie des Innenministeriums. Weil die Innenministerin Nancy Faeser mit dieser Strategie[16] zur Stärkung der Resilienz gegenüber Katastrophen Deutschland nachhaltig krisenfester machen wollte, sollten darin doch auch Mittel und Wege zu finden sein, mit denen unsere Gesellschaft insgesamt und letztlich jeder Bürger bzw. jede Bürgerin auch im

---

[16] www.bmi.bund.de, Stand: Juli 2022, Seriennummer: BMI22018, S. 4

Kriegsfalle resilienter gemacht werden könnten, dachte der Autor.

Die „Deutsche Strategie zur Stärkung der Resilienz gegenüber Katastrophen". Umsetzung des Sendai Rahmenwerks für Katastrophenvorsorge (2015-2030) – Beitrag Deutschlands 2022-2030

Am 13. Juli 2022, 136 Tage nach der Zeitenwende-Rede des Bundeskanzlers, veröffentlichte die rot-gelb-grüne Bundesregierung die „Deutsche Strategie zur Stärkung der Resilienz gegenüber Katastrophen". Sie trägt den sperrigen Untertitel „Umsetzung des Sendai Rahmenwerks für Katastrophenvorsorge (2015–2030) – Beitrag Deutschlands 2022–2030" (im Folgenden nur noch mit Resilienzstrategie bezeichnet). Die für die Herausgabe der Resilienzstrategie zuständige Ministerin Nancy Faeser führt im Vorwort aus, mit dieser Strategie „Deutschland nachhaltig krisenfester (zu) machen. Die Bundesregierung verfolgt dabei einen ganzheitlichen strategischen Ansatz, um in Vorsorge zu investieren sowie Katastrophen und Krisen besser bewältigen und uns von ihnen erholen zu können…". Ziel der Resilienzstrategie sei, Menschen und ihre Existenzgrundlagen zu schützen sowie die Widerstands- und Anpassungsfähigkeit des Gemeinwesens gegenüber Katastrophen zu stärken.

Deutschland hatte das Sendai Rahmenwerk (zur Katastrophenvorsorge) im Jahr 2015 unterzeichnet. Einen großen „Zeitdruck" für die nationale Umsetzung konnte es in Deutschland nicht gegeben haben, ansonsten ließe sich nicht erklären, warum sich das Ministerium des Innern sieben Jahre Zeit für dieses Papier gelassen hatte. Es mag Gründe dafür gegeben haben. Hierzu dürfte jedoch nicht die Annahme gehört haben, dass Deutschland in Zukunft von Katastrophen verschont bliebe. Die Verantwortlichen werden sich die Frage stellen müssen, ob Deutschland mit einer zeitnah verabschiedeten Resilienzstrategie die Corona-Pandemie ab 2020 und die Ahrtal-Flutkatastrophe in 2021 reibungsloser hätte bewältigen können. Der Autor empfiehlt zu dieser Thematik eine wissenschaftliche Untersuchung.

Gemäß der Resilienzstrategie können Katastrophen nur durch ein gemeinsames Bestreben verschiedenster Institutionen und Akteure effektiv und nachhaltig verhindert, in ihrer Anzahl, aber auch in ihren Auswirkungen verringert und bewältigt werden. Krisen und Katastrophen können nach Faeser als Synonyme verstanden werden, da „unsere jüngere Vergangenheit, unsere Gegenwart sowie der Blick in die Zukunft zeigen…, dass uns Krisen und Katastrophen vor neue und sich verändernde Herausforderungen stellen". Dem Autor stellt sich hier Frage, ob die begriffliche und damit inhaltliche „Umwidmung" der Ursprungsstudie von Katastrophe auf „Katastrophe und Krise" oder anders gesagt, die Erweiterung der Resilienzstrategie um die Kategorie „Krise" bereits in den sieben Jahren der Erstellung angedacht gewesen war oder erst mit dem russischen Angriff auf die Ukraine vorgenommen wurde; denn dann wäre die Überarbeitung mit heißer Nadel erfolgt. Festzuhalten bleibt: das Sendai Rahmenwerk ist als „Katastrophen"-Papier gedacht und unterzeichnet worden. Der Begriff „Krise" ist darin an keiner Stelle erwähnt.

Die Veröffentlichung der Resilienzstrategie im Juli 2022 erfolgte sehr spät, wenn die Unterzeichnung des Sendai Rahmenwerks von 2015 als Startpunkt für die deutsche Umsetzung zugrunde gelegt wird. Oder sehr früh, wenn das Dokument als Reaktion auf den russischen Angriffskrieg angesehen werden soll. Die Veröffentlichung sieben Jahre nach dem Sendai-Abkommen und knapp fünf Monate nach Kriegsbeginn legt nahe, dass beides zutrifft. Sie muss im Februar 2022 bereits vor der Veröffentlichung gestanden haben, wurde jedoch noch schnell mit Hochdruck auf den weiteren Aspekt der Krise „getunt". Dem Autor stellt sich hierbei die Frage nach der Sinnhaftigkeit dieses Verfahrens. Warum hat die Regierung nicht einen Bericht für den Umgang mit Krisen in Auftrag gegeben, der die Erfahrungen der Ukraine im Kampf gegen Russland mit aufnimmt? Auch dieses Thema eignete sich sehr gut für eine wissenschaftliche Untersuchung.

Die Gleichsetzung von Katastrophe und Krise geht so weit, dass im Handlungsfeld 4 der Resilienzstrategie („Die Vorbereitung auf den Katastrophenfall verbessern und einen besseren Wiederaufbau ermöglichen") "vollständig die Krisenterminologie angewendet wird, denn sie … richtet den Blick auf Aufgaben des Krisenmanagements, wie die Krisenfrüherkennung und Warnung, Notfallplanung und -übungen, Ausbildung von Führungs- und Einsatzkräften, ehrenamtliches Engagement, Vernetzung von Akteuren und die Frage, wie wir aus Krisen lernen können. Dabei wird auch aufgezeigt, wie das Krisenmanagement auf Wissen, Kapazitäten und Strukturen des Risikomanagements zurückgreifen kann." Spätestens nach dem Einpflegen dieser Absichtserweiterung hätte der Titel der Resilienzstrategie auch geändert werden müssen.

Ministerin Faeser beabsichtigte mit der „Deutschen Strategie zu Stärkung der Resilienz gegenüber Katastrophen", Deutschland „krisenfester" zu machen. Wie bereits gesagt: Das ist nicht mehr „Sendai“. Denken Sie nur an den Dreiklang „Frieden – Krise – Krieg“, an internationales Krisenmanagement, an Energiekrise, an Wirtschaftskrise („Ich krieg‘ eine Krise“) etc. Der ursprüngliche Geist des Sendai Rahmenwerks ist mit der deutschen Umsetzung und Auslegung verwässert worden. Ist die Resilienzstrategie für Sendai zu weit, für Krise zu kurz gesprungen?

Das Sendai Rahmenwerk

Was verbirgt sich hinter dem Sendai Rahmenwerk, für dessen Umsetzung Deutschland sieben Jahre benötigte? Steckbriefartig kann gesagt werden: von Deutschland in 2015 unterzeichnet, vermutlich in Federführung des Umweltministeriums, Grundlage für die deutsche Resilienzstrategie in 2022, Reichweite bis 2030. Man könnte beim nationalen Produkt geneigt sein anzumerken, dass ein Missverhältnis von Investition zu Restwertzeit besteht. Erwähnenswert ist im Zusammenhang mit der Investitionszeit, dass sich alle Sendai-Unterzeichner verpflichtet hatten, bis 2022 einen Zwischenevaluationsbericht vorzulegen. Dazu war Deutschland nicht in der Lage, da die „Deutsche Strategie…“ zu diesem Zeitpunkt noch nicht finalisiert bzw. veröffentlicht war. Am 15.05.2023 meldete die Bundesregierung schließlich: „Der deutsche Beitrag zur Zwischenevaluation des Sendai Rahmenwerks für Katastrophenvorsorge ist veröffentlicht!“ Sorry folks, I recommend an English Dictionary.

Das Sendai Rahmenwerk lässt sich vereinfacht als ein globales, freiheitliches (Katastrophenschutz-) Abkommen beschreiben, mit dem Schwerpunkt auf Schutz von Menschen, deren Existenzgrundlagen und Gesundheit bedroht sind, aber auch dem Schutz von Vermögenswerten.

Das Bundesministerium für wirtschaftliche Zusammenarbeit und Entwicklung führt hierzu auf seiner Homepage aus: „Das Sendai-Rahmenwerk für Katastrophenvorsorge 2015–2030 … wurde im März 2015 auf der dritten Weltkonferenz zur Reduzierung von Katastrophenrisiken im japanischen Sendai verabschiedet. Das Dokument bildet eine Handlungsgrundlage für Staaten und Zivilgesellschaften weltweit. Bis zum Jahr 2030 sollen Katastrophenrisiken verringert, die Entstehung neuer Risiken vermieden und die Widerstandsfähigkeit von Bevölkerung und Institutionen gegenüber Katastrophen erhöht werden.“

In dem Rahmenwerk werden sieben verbindliche Maßnahmen und Ziele formuliert: Die weltweite Zahl der Todesopfer durch Katastrophen und die Zahl der von Katastrophen betroffenen Menschen deutlich senken; die volkswirtschaftlichen Katastrophenschäden mindern; die Schäden an wichtiger Infrastruktur und Störungen der Grundversorgung … verringern; die Zahl der Länder mit nationalen und lokalen Strategien zur Reduzierung von Katastrophenrisiken deutlich erhöhen; die internationale Zusammenarbeit und Unterstützung der Entwicklungsländer bei der Umsetzung nationaler Aktivitäten wesentlich verbessern; den Zugang zu Frühwarnsystemen sowie zu Informationen über und Bewertungen von Katastrophenrisiken verbessern“.

Also keine „Raketenwissenschaft“. Die Umsetzung der Resilienzstrategie lag in der Verantwortlichkeit des Bundesministeriums des Innern unter Thomas de Maizière, der Mitinitiator der im letzten Jahr ins Leben gerufenen „Initiative für einen handlungsfähigen Staat“

ist. Laut UN-Homepage bietet es u.a. Deutschland eine „einzigartige" Gelegenheit, „ein knappes (!), präzises (!), vorausschauendes und aktionsorientiertes Rahmenwerk für Katastrophenvorsorge … zu verabschieden; die Bewertung und Überprüfung der Umsetzung des Hyogo-Rahmenaktionsplans 2005-2015: Stärkung der Widerstandskraft von Nationen und Gemeinwesen gegen Katastrophen abzuschließen; die im Rahmen der regionalen und nationalen Strategien/Institutionen und Pläne für Katastrophenvorsorge gewonnenen Erfahrungen und die daraus hervorgegangenen Empfehlungen … zu untersuchen… ".

Das übergeordnete Ziel des Sendai Rahmenwerks für Katastrophenvorsorge liegt also darin, bestehende Risiken und Vulnerabilitäten zu reduzieren, neue Katastrophenrisiken zu vermeiden und die Resilienz der Bevölkerung gegenüber natürlichen oder vom Menschen verursachten Gefahren zu stärken. Wir sprechen hier über Katastrophenvorsorge, Verringerung von Katastrophenrisiken und Stärkung von Resilienz. Wir sprechen hier nicht über Krisen und schon gar nicht über Kriege.

Der Begriff Katastrophe im Sendai Rahmenwerk

Wenn auch keine Definition von Katastrophe im Text enthalten ist, so findet sich darin doch eine Beschreibung: „Die Anwendung des Sendai Rahmenwerks erstreckt sich auf das Risiko kleiner und großer, häufiger und weniger häufiger, plötzlicher und schleichender Katastrophen, jedoch keiner Kriege, die durch natürliche oder vom Menschen verursachte Gefahren entstehen, sowie damit zusammenhängende umweltbezogene, technologische und biologische Gefahren und Risiken. Das Rahmenwerk zielt darauf, Orientierungen für das gefahrenübergreifende Management von Katastrophenrisiken im Bereich der Entwicklung auf allen Ebenen so wie in und zwischen allen Sektoren zu geben."

Der Begriff Resilienz im Sendai Rahmenwerk

Das Sendai Rahmenwerk definiert Resilienz als „die Fähigkeit eines Systems, eines Gemeinwesens oder einer Gesellschaft, die Gefahren exponiert sind, diesen Gefahren zu widerstehen und rasch und effizient ihre Auswirkungen zu absorbieren, sich ihnen anzupassen und sich wieder davon zu erholen, einschließlich durch die Erhaltung und Wiederherstellung ihrer wesentlichen Grundstrukturen und Funktionen". Die „vom Menschen verursachten Gefahren" gemäß den Vereinten Nationen geben eine Zielrichtung der Resilienz vor: Sie sind „ein physisches Ereignis, Phänomen oder eine menschliche Aktivität potenziell schädigender Art, die zu Verlust von Menschenleben oder Verletzungen, Sachschäden, sozialen und ökonomischen Störungen oder Umweltzerstörung führen können."

Zum Begriff Resilienz in der Literatur[17]

„Resilienz" ist ein junger Begriff. In seiner 1993 erschienenen „Brockhaus Enzyklopädie in 24 Bänden" suchte der Autor ihn vergebens. Das Internet (in diesem Fall Wikipedia) verweist bei dem Begriff Resilienz zuvorderst auf den Forschungsbereich der Psychologie. Dort ist zu lesen: „Die Resilienz oder auch die Fähigkeit zur

---

[17] Der Autor empfiehlt hierzu Jutta Heller, Resilienz; Jeremy Rifkin, Zeitalter der Resilienz, sowie Joachim Gauck, Erschütterungen.

Anpassung ist ein Prozess, in dem Personen auf Probleme und Veränderungen mit Anpassung ihres Verhaltens reagieren. Resilienz leistet auch in bestimmten Situationen oder Lagen einen wichtigen, punktuellen Beitrag zur Fähigkeit jedes Einzelnen, sich auf Herausforderungen oder Lageänderungen vorzubereiten und damit zum Nutzen in der Gesellschaft beizutragen."

Bundeskanzler Scholz und Innenministerin Faeser gehen auf den psychologischen Aspekt von Resilienz weder in der Zeitenwende-Rede noch in der Resilienzstrategie ein. Das hält der Autor für einen Fehler, weil Resilienz immer im „Kopf" des Menschen beginnt. Dieser Aspekt wird nicht nur als inhaltlich wichtig erachtet, sondern er hätte beiden auch die Möglichkeit geboten, persönliche Betroffenheit zu erzeugen. Sie haben darauf verzichtet, weshalb nicht Einzelpersonen, sondern die anonyme Zivilgesellschaft zum Adressaten ihrer Reden geworden ist. Dabei hätte die konkrete persönliche Betroffenheit eine höhere Aufmerksamkeit bei den Zuhörern bzw. Lesern erreicht als eine abstrakte gesellschaftliche. Unabhängig davon, was beide auch immer unter „Zivilgesellschaft" verstehen mögen.

Neben der psychologischen Bedeutung finden wir den Begriff der Resilienz in verschiedenen Bereichen des Lebens, wie z.B. in den Ingenieurwissenschaften, in der Energiewirtschaft und im Ökosystem. Seinen Ursprung jedoch hat der Begriff in der Physik, worauf auch die ursprüngliche Wortbedeutung hinweist. Im Lateinischen bedeutet „resilire" abprallen oder zurückspringen. Damit ist die physikalische Fähigkeit eines Körpers gemeint, nach einer Deformierung wieder seine ursprüngliche Form einzunehmen. Bezogen auf die

Anwendung auf den Menschen oder die Gesellschaft ist das Bild des Abprallens am aussagekräftigsten.

In Bezug auf das tiefere Verständnis des Begriffes und seiner Anwendung auf den Menschen hält der Autor die Lektüre des Artikels von Thun-Hohenstein, Lampert und Altendorfer-Kling[18] für unverzichtbar. Die Verfasser vertreten darin die These, dass Resilienzfaktoren additiv wirken können. „In früheren Modellen wurden Resilienzfaktoren als kompensatorische Faktoren oder als herausfordernde bzw. ‚stählende‘ Faktoren verstanden. Andere verwendeten das Faktorenmodell im Sinne einer Waage zwischen Schutz- und Risikofaktoren, die auf das Individuum einwirken können. Beide Gruppen von Faktoren können additiv wirken. Für Risikofaktoren gilt: Je mehr vorhanden sind, desto signifikanter nimmt die Resilienz des Individuums ab. (...) Für Schutzfaktoren wiederum gilt: Je mehr vorhanden sind, umso größer ist die Resilienz des Individuums. Resilienzfaktoren können daher statisch oder dynamisch sein, d.h. einmalig vorhanden sein, andauernd vorhanden sein oder wechselnd in Ausprägung und Dauer. Resilienz wird demnach heute als ein Prozess definiert, der sowohl von vorbestehenden oder sich entwickelnden Resilienzfaktoren als auch von Anpassungsvorgängen getragen wird.“ Diese Aussagen sind von großer Bedeutung, wenn es um die Frage geht, wie Resilienz erlernt und weiterentwickelt werden kann. Wie der Mensch Resilienz erwirbt, anpasst oder stärkt, diese Frage ist in der Resilienzstrategie jedoch ausgespart.

---

[18] Thun-Hohenstein, Lampert, Altendorfer-Kling, Resilienz – Geschichte, Modelle und Anwendung, in: ZPsychdramaSoziom (2020) 19:7-20, https://doi.org/10.1007/s11620-020-005246

Weiter heißt es im Artikel: „Resilienz ist keine ausschließlich angeborene Fähigkeit, aber auch nicht ausschließlich das Resultat negativer oder positiver (Umwelt-) Einflüsse. Resilienz entwickelt sich über die Zeit. Somit erklärt sich Resilienz als ein allgemein menschliches Phänomen, das aus dem Zusammenwirken basaler humaner, adaptiver Systeme mit der Umwelt entsteht, um den Menschen zu befähigen, schwierige Lebenssituation zu bewältigen.“

Welche Faktoren bei der Ausbildung von Resilienz einschließlich der Therapierung bei Traumata einfließen, kann im Salutogenese-Modell[19] von Aaron Antonovsky nachgelesen werden. Um Resilienz und deren Förderung besser greifbar zu machen, hat dieser folgende Faktoren herausgearbeitet: Optimismus, Akzeptanz, Lösungsorientierung, Opferrolle verlassen, Verantwortung übernehmen, Netzwerkorientierung und Zukunftsplanung.

Der Begriff Resilienz in der Resilienzstrategie

Betrachten wir nun, was Nancy Faeser unter Resilienz versteht. Sie schreibt: „Wir müssen unsere Widerstandsfähigkeit gegen ein breites Krisenspektrum stärken; Resilienz gegenüber Katastrophen stärkt dabei auch unsere Resilienz gegenüber militärischen und hybriden Bedrohungen.“ Auch hier wieder die Frage nach dem „wir“ und „unsere“.

---

[19] Das Salutogenese-Modell beschäftigt sich mit der Frage nach der Entstehung von Gesundheit. Aaron Antonovsky: Salutogenese. Zur Entmystifizierung der Gesundheit. Deutsche Herausgabe von Alexa Franke, Tübingen 1997.

Die Definition von Resilienz findet sich auch im Glossar wieder: Resilienz sei die „Fähigkeit einer Gesellschaft (oder eines Systems), Ereignissen zu widerstehen bzw. sich daran anzupassen und dabei ihre (seine) Funktionsfähigkeit zu erhalten oder möglichst schnell wiederzuerlangen". Unerklärlicherweise wird im Glossar kommentarlos eine weitere Definition der Vereinten Nationen von 2016 (in deutscher Übersetzung) angeboten, die dem Sendai Rahmenwerk entlehnt wurde.

Nancy Faeser unterscheidet zwischen Katastrophen und militärischen/hybriden Bedrohungen. Sie sieht weiterhin, dass die für den Umgang mit Katastrophen erworbene Resilienz auch bei militärischen/hybriden Bedrohungen nützlich ist. Daraus könnte indirekt abgeleitet werden, dass sie die Eintrittswahrscheinlichkeit von Katastrophen höher bewertet als die von militärischen/hybriden Bedrohungen. Wäre es nicht so, müsste eine Resilienzstrategie primär gegen militärische/hybride Bedrohungen erarbeitet werden, die dann die Resilienz auch in Katastrophen zu stärken vermag. Der Autor empfiehlt hier die Tagespresse. Die hybride Bedrohung durch Russland und viele andere Akteure ist bereits im „vollen Gange".

Der Begriff Resilienz wird als Wort oder Wortkombination mehr als 270-mal verwendet. Hierzu Beispiele: Resilienzstrategie, Resilienzsteigerung, Resilienzansatz, Resilienzplan, Resilienzkonzept, Resilienzstudie, Resilienzstruktur, Resilienzforschung, Resilienzförderung, Resilienzversprechen, Resilienzziele, Resilienzbildung, Resilienzpraktiken, Resilienzfaktor, Resilienzverständnis, Resilienzzyklus, Resilienzprogramme, Resilienzstärkung, Katastrophenresilienz, Klimaresilienz, Resilienz von Gesellschaften (!), Resilienz von Strukturen,

Resilienz für Betriebe, Resilienz einer Stadt, urbane Resilienz, organisationale Resilienz, Ausbau der Resilienz.

Es finden sich aber auch folgende Begrifflichkeiten: Resilienz im Rahmen der Sicherstellung der Führungsfähigkeit, Resilienz kritischer Infrastruktur, Resilienz betroffener Staaten, Resilienz von geförderten Projekten, Resilienz von Waldökosystemen, Resilienz von Krankenhäusern sowie Resilienz und Krisenreaktion. Der Autor räumt ein, dass er den Begriff selbst häufig verwendet, aber in der Kreativität von Wortkombinationen mit den Autoren der Resilienzstrategie nicht mithalten kann.

Der Begriff Katastrophe in der Resilienzstrategie

Der Begriff der Katastrophe in Abgrenzung zu militärischen/hybriden Bedrohungen wird wie folgt definiert: „Ein Geschehen, bei dem Leben oder Gesundheit einer Vielzahl von Menschen oder die natürlichen Lebensgrundlagen oder bedeutende Sachwerte in so ungewöhnlichem Ausmaß gefährdet oder geschädigt werden, dass die Gefahr nur abgewehrt oder die Störung nur unterbunden und beseitigt werden kann, wenn die im Katastrophenschutz mitwirkenden Behörden, Organisationen und Einrichtungen unter einheitlicher Führung und Leitung durch die Katastrophenschutzbehörde zur Gefahrenabwehr tätig werden." Dafür gibt es in Deutschland sogar eine DIN, die 13050: 2015-04.

Mit dieser Definition geht einher, dass der Einsatz der Bundeswehr ausschließlich in der Amtshilfe gemäß Artikel 35 GG gesehen wird; und dann unter Leitung der Katastrophenschutzbehörden. Damit findet die Resilienzstrategie auch keine unmittelbare Anwendung auf die Bundeswehr, nicht einmal in einer Krise.

Der Begriff Katastrophe als Wort oder Wortkombination wird mehr als 570-mal verwendet. Allein Katastrophenrisikomanagement wird über 110-mal genutzt, der Begriff Katastrophenresilienz hingegen taucht lediglich zweimal auf.

Weitere Begriffswendungen sind: Katastrophenvorsorge, Katastrophenrisiko, Katastrophenfall, Katastrophenresilienz, Katastrophenhilfe, Katastrophenhilfegesetz, Katastrophenbewältigung, Katastrophenschutz, Katastrophenschutzbehörde, Katastrophenschutzverfahren, Katastrophenschutzpool, Katastrophenschutzübung, Katastrophenschutzkomitee, Katastrophenschutzstrukturen, Katastrophenereignisse, Katastrophenlagen, Katastrophenpläne, Katastrophenvorsorgepläne, Katastrophenprävention, Katastrophensituation, Katastrophenmedizin, Katastrophenanfälligkeit, Katastrophenanlagen, Katastrophenforschung, Katastrophenabwehr, Katastrophengebiet, Katastrophenversicherungen, Katastrophennothilfefonds, Katastrophenverluste, Katastrophenfolgen, Flutkatastrophen, Naturkatastrophen, Katastrophen- und Risikomanagement. Aber auch Katastrophen und Notlagen, Krisen und Katastrophen, Katastrophen und grenzüberschreitende Krisen, Abwehr von Katastrophen, Folgen von Katastrophen, Katastrophen- und Vulnerabilitätsforschung, Katastrophen- und Zivilschutz, katastrophenbedingte Unterbrechungen, katastrophenpräventiver Wiederaufbau, katastrophenresilienter Wiederaufbau.

Die Begriffe „Krisen und Katastrophen" werden oftmals nebeneinander genannt, jedoch nicht trennscharf voneinander abgegrenzt, als seien sie Synonyme. Das ist in einem Dokument, dass sich Katastrophen auf die Fahne geschrieben hat, aber den Begriff Krise knapp zweihundert Mal im Schilde führt, wenig hilfreich. Es stellt sich die Frage, welche Inhalte noch auf die Katastrophe abzielen, welche bereits auf eine Krise deuten und wo sich die Autoren keine Mühe mehr gemacht haben, eine Unterscheidung zu treffen. Auch hier empfiehlt der Autor zu einer eigenständigen Abhandlung über dieses Thema.

In der Resilienzstrategie ist zu lesen: „Die Auswirkungen von Krisen und Katastrophen – wie beispielsweise der COVID-19-Pandemie oder der Flutkatastrophe im Juli 2021 in Deutschland – …“. Wenn die nachfolgende Definition von Krise aus demselben Dokument angewendet wird und als zutreffend erachtet werden darf, also eine Krise ein „instabiler Zustand (ist), bei dem eine abrupte oder deutliche Veränderung droht, die dringende Aufmerksamkeit und Maßnahmen erfordert, um Leben, Werte, Eigentum oder die Umwelt zu schützen" (DIN EN ISO 22300: 2020-04), dann wäre eine Pandemie eine Krise. Damit wären der vorhergehende Satz und seine Bedeutung (Katastrophen wie die COVID-19-Pandemie) schlicht und einfach unlogisch.

Krisenresilienz und Katastrophenresilienz haben unterschiedliche Ziele und wenden unterschiedliche Mittel an.

Katastrophe versus Krise

Katastrophe und Krise werden häufig als Synonyme verwendet. Im InfoDienst des Ministeriums für Inneres, Digitalisierung und Migration des Landes Baden-Württemberg vom 17. Mai 2017 ist zu lesen: „Unter Katastrophe wird ein außergewöhnlich großes Schadenereignis mit Zerstörung, also Sachschäden, Verletzten und/oder Toten verstanden. Eine Katastrophe erfordert immer den Einsatz operativer Kräfte zur Schadenbegrenzung, -behebung oder -minimierung. Sie erfordert den Einsatz der ‚Blaulichtorganisationen'". Unter Krise dagegen wird ein Zustand der „Bedrohlichkeit" verstanden, der Höhepunkt und Wendepunkt eines Ereignisses, das als bedrohlich empfunden wird, zugleich aber die Wende zum Guten hin darstellt. Sie kann im Ergebnis also etwas Gutes bewirken. Eine Krise hat im Gegensatz zur Katastrophe nicht per se Schäden und Verluste zur Folge.

Katastrophenresilienz versus Krisenresilienz

Der Begriff Katastrophenresilienz wird in der Resilienzstrategie an einer einzigen Stelle genannt: „Katastrophenresilienz ist zugleich eine Grundlage für eine verlässliche Zivile Verteidigung. Dabei müssen alle staatlichen und nichtstaatlichen Akteure einbezogen werden und mitwirken, d.h. Staat, Zivilgesellschaft, Wirtschaft, Wissenschaft und Medien aus allen Fachbereichen bzw. Sektoren über alle administrativen Ebenen hinweg." Obwohl der Begriff Krise in der Resilienzstrategie annähernd zweihundert Mal genannt wird, gibt es jedoch keinen Begriff der Krisenresilienz, was nicht logisch erscheint.

Der Coaching-Experte Birol Isik bezeichnet Krisenresilienz als „… die innere Stärke und Flexibilität, sich an veränderte oder belastende Umstände anzupassen, konstruktiv Lösungen zu entwickeln und trotz schwieriger Bedingungen optimistisch zu bleiben". Umgangssprachlich und damit sehr nahe am psychologischen Begriff der Resilienz beschreibt Krisenresilienz die psychische Widerstandsfähigkeit, mit der Menschen Herausforderungen, Rückschläge oder Verluste meistern können, ohne sich davon unterkriegen zu lassen.

Resilienz versus Resistenz

Eine weitere Definition von Resilienz aus der Psychologie beschreibt Resilienz als „die ressourcenabhängige und individuell unterschiedliche Fähigkeit, krisenhafte Lebensumstände ohne gesundheitliche Einbußen physischer oder psychischer Art zu bewältigen". Resilienz bedeutet damit im Schwerpunkt die psychische Fähigkeit zur Vermeidung physischer und psychischer Einbußen. Der Resilienz ist die Resistenz gegenüber zu stellen. Resistenz bedeutet die Widerstandskraft eines Menschen gegen schädliche Einflüsse der Umwelt, beispielsweise bei Katastrophen. Resistenz bedeutet im Schwerpunkt die physische Widerstandsfähigkeit zur Vermeidung physischer und psychischer Einbußen.

Beide Widerstandskräfte sind durch die Menschen trainierbar. Gleichwohl liegt der Fokus der Trainierbarkeit bei der Resilienz auf der Bewältigung von Situationen, während der Fokus der Resistenz auf dem Aushalten von Situationen zu sehen ist. Beide Begriffe können fließend ineinander übergehen. Wenn in der Resilienzstrategie der Begriff Resilienz annähernd 300mal genutzt oder verwendet wird, sollte nicht ausgeschlossen werden, dass an der einen oder anderen Stelle die Verwendung des Begriffs Resistenz als treffender erachtet werden könnte. Zum Thema der fehlenden Resistenz sagt H.G. Wells in seinem Buch „Krieg der Welten" eindrucksvoll: „Das eine wenigstens steht fest, daß in keinem einzigen Körper der Marsleute, die nach dem Krieg untersucht wurden, andere Bakterien gefunden wurden als diejenigen, deren irdische Herkunft zweifellos war …, daß der Vorgang der Fäulnis ihnen vollständig unbekannt war.“

Inhalt der Resilienzstrategie

Die Innenministerin formuliert als Ziel der Resilienzstrategie, „… Menschen und ihre Existenzgrundlagen zu schützen sowie die Widerstands- und Anpassungsfähigkeit des Gemeinwesens gegenüber Katastrophen zu stärken.“ An anderer Stelle wird als übergeordnetes Ziel die höhere Resilienz der Gesellschaft in Deutschland gegenüber Katastrophen genannt. Dem Thema und der Definition von „Gesellschaft in Deutschland“ sollte in Zukunft mehr Aufmerksamkeit gewidmet werden, auch vor dem Hintergrund, dass ein Festredner während des Festakts zum 40jährigen Bestehen von DITIB am 28. Oktober 2024 an das Auditorium die Frage stellte, „wieviel Deutschland eine muslimische Gemeinde in Deutschland ertragen könne“. Hier bedürfte es eines klaren Bekenntnisses zur deutschen Gesellschaft und einer eindeutigen Absage an Parallelgesellschaften. Wollen sich die politisch Verantwortlichen mit dieser Thematik auseinandersetzen? Ich denke, sie müssen sich damit auseinandersetzen, auch wegen der richtigen Zielsetzung, die gesellschaftliche Resilienz zu stärken.

Unterhalb dieses übergeordneten Ziels sind drei strategische Ziele bis 2030 formuliert. Zur Integration heißt es: „Bestehende Strukturen und Systeme sind durch neue oder verbesserte Maßnahmen im Katastrophenrisikomanagement ergänzt oder verknüpft.“ Zur Kooperation liest man: „Staatliche wie nichtstaatliche Akteure arbeiten enger im Katastrophenrisikomanagement zusammen.“ Und für eine bessere Koordination wird gefordert: „Informationen, Erkenntnisse und Ergebnisse im Katastrophenrisikomanagement sind verstärkt verbreitet und miteinander verknüpft."

Diese drei Ziele könnten nur durch gemeinsame Anstrengungen verschiedenster Institutionen und Akteure gelingen. „Die Resilienzstrategie richtet sich daher an alle staatlichen und nichtstaatlichen Akteure, die im Management von Katastrophenrisiken oder Krisen mitwirken. … Diese Akteure kommen aus Politik, Verwaltung und Dienststellen des Bundes sowie der Länder und Kommunen, Zivilgesellschaft (z. B. Hilfsorganisationen), Wissenschaft, Privatwirtschaft und Medien. Damit richtet sich die Resilienzstrategie sowohl an unterschiedliche Sektoren bzw. Fachbereiche (Gesundheit, Wirtschaft, Wissenschaft, Bildung, Umwelt, Wasser und Abwasser, Landwirtschaft und Ernährungswirtschaft, Verkehr, Telekommunikation, Sicherheit etc.)". Dazu wurden Schaubilder erstellt, die von diesem Text abweichen. Hier werden als Sektoren Finanzen, Gesundheit, Wirtschaft und Energie, Transport und Verkehr, Ernährung, Land- und Forstwirtschaft, Zivile und militärische Verteidigung, Justiz und Verbraucherschutz, Kritische Infrastruktur, innovative Technologien, vulnerable Gruppen, Bildung und Wissenschaft, Arbeit und Soziales, Umwelt, Bauwesen, Stadt-, Dorf- und Regionalentwicklung und Raumplanung sowie Digitale Infrastruktur aufgelistet. Zudem gibt es die lokale, regionale, nationale und internationale Ebene.

Der Umsetzung der Resilienzstrategie liegen sieben übergeordnete Leitlinien zugrunde: Fokus auf den Schutz von Menschen und deren Existenzgrundlagen; eine gesamtgesellschaftliche Perspektive; Verantwortung aller Akteure im Rahmen ihrer Kompetenzen und Kapazitäten; ein All-Gefahren-Ansatz; Aufbau auf bestehenden Prozessen, Kapazitäten und Prinzipien; Generierung von Synergien und Kohärenz zwischen bestehenden Bemühungen; kontinuierliches Lernen während und aus der Umsetzung der Resilienzstrategie.

An fünf Handlungsfeldern entlang formuliert der Bund Maßnahmen, um rechtzeitig und effizient den Auswirkungen unterschiedlichster Gefahren zu widerstehen, diese zu absorbieren, sich an sie anzupassen und sich von ihnen zu erholen: Das Katastrophenrisiko verstehen; die Institutionen stärken, um das Katastrophenrisiko zu steuern; in die Katastrophenvorsorge investieren, um die Resilienz zu stärken; die Vorbereitung auf den Katastrophenfall verbessern und einen besseren Wiederaufbau ermöglichen; Internationale Zusammenarbeit fördern.

Wie verworren dieses gesamte Dokument ist, zeigt sich an einem Beispiel aus dem Handlungsfeld 2. Es ist unstrittig, dass die Federführung für das gesamte Thema beim Innenministerium als Herausgeber der Resilienzstrategie liegt. Im Bereich (oder Unterhandlungsfeld oder…) 2.2 „Risikomanagementfähigkeiten und Koordinierungsmechanismen stärken“ wird die Maßnahme „die Zusammenarbeit unterschiedlicher Ressorts auf Bundes- und Landesebene mit Blick auf die Versorgungssicherheit und die Verfügbarkeit von kritischen Dienstleistungen intensivieren (vgl. Maßnahme 3.16.)“ empfohlen. Dieses verwundert, da das Innenministerium auf der Bundesebene das koordinierende Ressort ist. Das Innenministerium neigt also dazu, sich selbst Empfehlungen zu geben.

Im Handlungsfeld „3. In die Katastrophenvorsorge investieren, um die Resilienz zu stärken" wird die Maßnahme 3.11 „Zivile und Militärische Verteidigung" angesprochen. Das ist unlogisch. „Zivile und Militärische Verteidigung" bilden die „Gesamtverteidigung". Der Katastrophenschutz ist wiederum ein Element der „Zivilen Verteidigung" innerhalb der Gesamtverteidigung. Man kann also nicht die „Resilienz mit der Resilienz" stärken. An dieser Stelle Maßnahmen zu empfehlen, die die übergeordnete Ebene darstellen, stellt das Thema von den Beinen auf den Kopf. Die Resilienzstrategie kann Anträge an die „übergeordnete" Ebene formulieren, nicht jedoch die übergeordnete Gesamtverteidigung an die nachgeordnete Resilienzstrategie anpassen. Zivile und Militärische Verteidigung sind verfassungsrechtliche Aufgaben, denen bestimmte Fähigkeiten zugeordnet werden und die als gleichberechtigte, aber verschränkte Säulen die deutsche Gesamtverteidigung beschreiben. Zivile und Militärische Verteidigung sind keine Maßnahmen, um sich selbst zu dienen.

Neben den Verantwortlichkeiten von Ziviler Verteidigung und Militärischer Verteidigung werden auch deren gegenseitige Abhängigkeiten aufgezeigt. „Eine verantwortungsbewusste staatliche Katastrophen-Vorsorgepolitik kann auf die Fähigkeit zur Verteidigung nicht verzichten. Dazu gehören sowohl die militärische als auch die zivile Verteidigung als demselben Ziel verpflichtete, gleichrangige, jedoch organisatorisch voneinander zu trennende Komponenten der Gesamtverteidigung." An dieser Stelle kann der Autor nicht mehr folgen.

Die „Maßnahme 3.11 Zivile und Militärische Verteidigung", die auf vier der 118 Seiten dargestellt wird, könnte den Eindruck vermitteln, in der Resilienzstrategie als einem Katastrophenschutz-Dokument wie ein Fremdkörper eingeklemmt zu sein. „Zivile und Militärische Verteidigung" sind keine Maßnahmen (oder was auch immer) zur „Stärkung der Resilienz gegen Katastrophenfälle". Das ist absurd! Der Katastrophenschutz ist Teil des Zivilschutzes (auf Länderebene) als Teil der Zivilen Verteidigung, die zusammen mit der Militärischen Verteidigung die Gesamtverteidigung ausmachen und in der 2024 erlassenen „Rahmenrichtlinie Gesamtverteidigung" beschrieben werden. Katastrophenschutz ist eine Teilmenge der Zivilen Verteidigung in der Gesamtverteidigung. Hier werden Hierarchieebenen durcheinandergebracht und vermischt.

Aus der „Maßnahme 3.11" resultieren elf, hier verkürzt dargestellte Empfehlungen: Nationale und internationale Netzwerke fördern; gesamtgesellschaftliche Aufgaben durch z.B. die Institutionalisierung eines gesamtgesellschaftlichen Dialogs vorantreiben; Vernetzte Sicherheit verbessern; Maßnahmen im Rahmen der Cybersicherheitsstrategie stärken; Weltraumsicherheit verstetigen; Kooperation mit der NATO weiter vertiefen; Resilienz der NATO-Mitgliedsstaaten weiter stärken; Kooperation zwischen NATO und EU weiter fördern und vertiefen; Gesundheitsvorsorge- und Sicherstellungsgesetz schaffen; Unterstützung von Verlegungen durch Ertüchtigung von militärischer und ziviler Infrastruktur; Voraussetzungen für die strategische Verlegung mittels Eisenbahnen schaffen.

Alle Empfehlungen liegen außerhalb des Zuständigkeitsbereiches der Resilienzstrategie, dennoch im Verantwortungsbereich des Innenministeriums. Etwas forscher ausgedrückt: „Nicht empfehlen, sondern machen!" Welchen Mehrwert die Empfehlung „Voraussetzungen für die strategische Verlegung mittels Eisenbahn schaffen" für die Resilienz gegenüber Katastrophen haben soll, bleibt dem Leser überlassen.

Der Umsetzung der elf „Empfehlungen" der Maßnahme 3 liegen sieben Leitlinien, hier ebenfalls verkürzt dargestellt, zugrunde: Im Fokus steht der Schutz von Menschen und ihrer Existenzgrundlagen; gemäß dem Prinzip „Niemanden zurücklassen" der Agenda 2030 für nachhaltige Entwicklung nimmt die Resilienzstrategie eine gesamtgesellschaftliche und inklusive Perspektive ein; alle Akteure tragen Verantwortung für die Umsetzung im Rahmen ihrer Kompetenzen und Kapazitäten; es wird ein All-Gefahren-Ansatz verfolgt; bestehende Prozesse, Kapazitäten und Prinzipien werden als Basis genutzt und ausgebaut; zwischen laufenden Bemühungen werden Synergien geschaffen und kohärente Abläufe gewährleistet. Auf Nachhaltigkeit ist zu achten; mit der Umsetzung der Resilienzstrategie geht ein kontinuierlicher Lernprozess einher.

Die Zusammenfassung

Die 118-seitige Resilienzstrategie wird mit einer vierseitigen Zusammenfassung eingeleitet. Sie gibt einen Überblick über das Dokument, stellt zwar keine Zusammenfassung im klassischen Sinne dar, wird aber als eigenständiges Dokument mit dem Titel „Zusammenfassung: Die Deutsche Strategie zur Stärkung der Resilienz gegen Katastrophenfälle" beim Bundesamt für Bevölkerungsschutz und Katastrophenhilfe (BBK) angeboten. Dem Autor liegt es völlig fern, von einem Etikettenschwindel zu sprechen. Aber warum das Ministerium eine Inhaltsangabe als Zusammenfassung deklariert, ist schleierhaft, und es als eigenständige Zusammenfassung zu veröffentlichen, nicht nachvollziehbar. Ein fachlich Interessierter wird, vermutlich verärgert, nicht umhinkommen, die „118-Seiten-Version" zu lesen.

Es kann festgehalten werden, dass die Inhalte der Resilienzstrategie von 2022 in „der Gesellschaft" weithin nicht bekannt sind, das Sendai Rahmenwerk kennt, so bitter die Feststellung auch sein mag, „kein Mensch" in Deutschland.

Der Bekanntheitsgrad der Resilienzstrategie, nicht die Kenntnis des Inhaltes, hat sich jedoch gut achtzehn Monate nach Erscheinen ein wenig erhöht. Nicht, dass das Innenministerium daran Anteil gehabt hätte, denn auch die Veröffentlichung des notwendigen Umsetzungsplans der Resilienzstrategie sollte noch einmal bis zum 15. Juli 2024 auf sich warten lassen. Der Grund für den gestiegenen Bekanntheitsgrad in der Öffentlichkeit lag in deren Befassung mit dem Operationsplan Deutschland (OPLAN DEU). Am 25. Januar 2024, also noch sechs Monate vor Veröffentlichung des Umsetzungspapiers zur Resilienzstrategie durch das Innenministerium, richtete das damalige Territoriale Führungskommando der Bundeswehr ein Symposium „Deutschland.Gemeinsam.Verteidigen." in Berlin aus. Danach trugen die Landeskommandos diese Informationen in die Fläche der Bundesländer.

Auf diesen Operationsplan und seine Wechselbeziehung mit der Resilienzstrategie wird weiter unten eingegangen.

Weiteres Vorgehen zum Umsetzungsplan

Die Resilienzstrategie bedarf erst einmal einer Umsetzung auf Länderebene und auf den Ebenen darunter, anschließend einer Weiterentwicklung. Hierzu wird der Bund laut Homepage des BBK einen Dialog- und Beteiligungsprozess mit den Ländern, mit Vertretungen der Kommunen sowie Akteuren aus der Zivilgesellschaft, der Wissenschaft, der Wirtschaft, aus Staat und Bildung sowie dem Kulturbereich initiieren. Der Prozess wird im Rahmen einer Nationalen Plattform Resilienz (ein offener Zusammenschluss, in den jederzeit weitere Institutionen und Organisationen aufgenommen werden können, für die sich jeder „bewerben" kann), langfristig verstetigt werden. Ein Kontaktformular ist angehängt. Der Autor hat allerdings bis heute keine Antwort auf seine Bewerbung erhalten.

Für die Nationale Plattform ist ein Umsetzungsbeirat geschaffen worden, der aus ständigen sowie aus zeitlich befristeten Mitgliedern besteht. Die Mitglieder, so das BBK, „vertreten die Interessen ihres jeweiligen Akteursnetzwerks und können gleichzeitig auch ihre eigenen institutionellen Interessen einbringen. Zudem sind sie dafür verantwortlich, Informationen zu teilen und Beiträge zu Fragestellungen aus ihrem Netzwerk einzuholen sowie zu diskutieren. Ein weiterer wichtiger Aspekt ihrer Tätigkeit ist die Umsetzung der gemeinsam im Umsetzungsbeirat erstellten Arbeitsplanung und die aktive Teilnahme an den Sitzungen des Umsetzungsbeirats. Ergebnisse fließen in konsolidierte Stellungnahmen, Papiere oder Vorhaben ein."

Die konstituierende Sitzung des Umsetzungsbeirats fand am 24. April 2024 im Bundesministerium des Innern und für Heimat in Berlin statt. Diese Sitzung markierte den Start der Arbeit des Umsetzungsbeirates. Er trifft sich seitdem zweimal jährlich in Präsenzveranstaltungen. Eine Kommunikation in die Öffentlichkeit hinein war für den Autor bisher noch nicht erkennbar.

In einem zweiten Treffen des Umsetzungsbeirates am 5./6. Dezember 2024 präsentierte die „Nationale Kontaktstelle für die deutsche Resilienzstrategie und das Sendai Rahmenwerk (kurz: NKS)"[20] „den aktuellen Stand der Umsetzung der Resilienzstrategie und erläuterte die Herausforderungen und Möglichkeiten, die sich durch den Bruch der Regierungskoalition … für die Nationale Plattform Resilienz ergeben." Es wäre zu erwarten gewesen, dass der Umsetzungsbeirat zum Sachstand seiner Arbeit vorträgt, verband doch die Bundesregierung damit eine hohe Erwartungshaltung: „Im Umsetzungsbeirat der Nationalen Plattform Resilienz sollen Ideen, Wissen und Empfehlungen in gemeinsamen konsolidierten Stellungnahmen, Papieren oder Vorhaben aus den Akteursnetzwerken zusammengetragen werden, die die Umsetzung der Resilienzstrategie unterstützen und verbessern können." Stattdessen war auf deren Webseite inhaltsleer zu lesen, dass der

---

[20] Homepage BBK, ohne Datum: Die Resilienzstrategie wurde mit allen Ressorts der Bundesregierung unter Begleitung der Interministeriellen Arbeitsgruppe zur Umsetzung des Sendai Rahmenwerks (kurz: IMAG Sendai) zusammen mit der Nationalen Kontaktstelle für das Sendai Rahmenwerk (kurz: NKS) und unter Federführung des Bundesministeriums des Innern und für Heimat (kurz: BMI) erstellt. Die NKS beim Bundesamt für Bevölkerungsschutz und Katastrophenhilfe (kurz: BBK) hat den konzeptionellen Ansatz und die Inhalte erarbeitet sowie die IMAG Sendai maßgeblich durch Beratung, Koordination und Öffentlichkeitsarbeit unterstützt.

Umsetzungsbeirat die Neuwahlen als Chance sah, neue Impulse für die Stärkung der Resilienz gegenüber Katastrophen zu setzen. Geplant sei ein gemeinsames Statement mit konkreten Handlungsempfehlungen im März 2025, damit „einer neuen Regierung Prioritäten für die Stärkung der nationalen Resilienz" aufgezeigt werden können. Der neuen Regierung Prioritäten aufzeigen? Im Jahr 2025?

Festzuhalten ist, dass vom Sendai Rahmenwerk bis zur Erstellung der Resilienzstrategie sieben Jahre verstrichen waren, in denen sich allein zwei Katastrophen ereigneten, für die eine nationale Umsetzung mit konkreten Maßnahmen des „Sendai-Abkommens" sich als hilfreich hätte erweisen können: die COVID-19-Pandemie und die Flutkatastrophe im Juli 2021. Der endgültige Erfahrungsbericht bleibt abzuwarten und damit einhergehend die Beantwortung der Frage, ob die Bewältigung dieser Katastrophen mit einem „umgesetzten Umsetzungsplan" friktionsfreier hätte erfolgen können.

Der Umfang des Sendai Rahmenwerks beträgt in der deutschen Übersetzung 34 Seiten. Die daraus entwickelte Resilienzstrategie umfasst 118 Seiten. Dazu kommt der Umsetzungsplan mit seinen Ausführungen auf 146 Seiten. Mit dem Umsetzungsplan ist die Arbeit nicht erledigt. Die „eigentliche" Arbeit ist in den Ländern zu leisten, die für die Umsetzung von Katastrophenplänen und die Abwehr von Katastrophen als oberste Katastrophenschutzbehörde verantwortlich sind. Diese müssen dann die oberen und unteren Behörden, die die Detailplanungen vorzunehmen haben, beauftragen. Bevor wir uns anschauen, wie der Umsetzungsplan auf Bundesebene als Planungsgrundlage für die Länder aussieht, möchte der Autor einen Exkurs über den Aufbau einer Strategie und deren Kommunikation vornehmen.

Aufbau einer Strategie

Der Begriff der Strategie steht im allgemeinen Sprachgebrauch für eine planvolle Vorgehensweise zur Erreichung eines bestimmten Zieles. Für die praktische Umsetzung ist wichtig, das Ziel exakt zu definieren und einen möglichst detaillierten Plan zu dessen Erreichung auszuarbeiten.

Die Resilienzstrategie erhebt den Anspruch, eine Strategie zu sein. Es wäre zu prüfen, ob sie tatsächlich den Anforderungen an eine Strategie Rechnung trägt. Für diese Arbeit könnten folgende Kriterien herangezogen werden: eine Vision, welche die Richtung vorgibt; eine Umfeldanalyse, die Chancen und Risiken deutlich benennt; eine Unternehmensanalyse, die Stärken und Schwächen zeigt; eine Stärken-Schwächen-Chancen-Risiken-Analyse, welche die Umfeld- und Unternehmensanalyse ergänzt; klar benannte strategische Herausforderungen, die sich aus einer solchen Analyse ableiten lassen; strategische Maßnahmen, um die Herausforderungen zu bewältigen; langfristig gesetzte Ziele, deren Realisierungsplanung sowie die Kontrolle der Zielerreichung.

Eine Strategie muss zudem den Mitarbeitern vermittelt werden. Ist das Informationsmanagement einer Unternehmung – in diesem Fall die Bundesrepublik Deutschland – schlecht, dann wird die Zielerreichung gefährdet.

Ohne Ziele keine Strategie: Ziele sollten auf Jahresbasis abstrahiert sein und müssen a) einfach, klar definiert und relevant; b) messbar und vergleichbar sowie c) erreichbar und realistisch sein; sie müssen klare Start- und Endpunkte haben und zeitlich abgrenzbar sein.

Strategische versus Taktische Ebene

Während eine Strategie langfristige Ziele im Auge hat, auf die sich – in diesem Fall die Stärkung der Resilienz gegen Katastrophenfälle in Deutschland – ein Staat oder ein Unternehmen konzentrieren und sich danach ausrichten, versteht man unter Taktik sämtliche Mittel und Methoden, deren sich die ein Staat oder ein Unternehmen bedienen, um das „strategische" Ziel zu erreichen. Die Strategie definiert das Ziel, während die Taktik die „Zwischenziele" erreicht. Dem Autor ist es an dieser Stelle nicht gegeben, anhand der Resilienzstrategie die Aufgaben bzw. Maßnahmen der taktischen Ebene zu identifizieren. Sie können per se nicht auf der ministeriellen Ebene liegen. Da aber der Umsetzungsplan noch nicht die strategische Ebene verlassen hat, kann er auch noch nicht die taktische Ebene erreicht haben, ist er noch nicht einmal auf der dazwischenliegenden „operativen Ebene" angekommen. Mit „operativer Ebene" meint der Autor die Koordinierung auf Länderebene, damit die Maßnahmen in der Fläche der Bundesrepublik Deutschland letztlich beim Bürger angekommen. Dementsprechend werden Landkreise und Gemeinden der „taktischen Ebene" zugerechnet. In der Praxis wird sich jedoch erst noch zeigen müssen, ob die Bundesländer (oder eventuell das BBK) die operative Ebene übernehmen können, also als Bindeglied zwischen strategischer und taktischer Ebene dienen.

Kommunikation einer Strategie

Zu einer Strategie gehört zwingend Kommunikation. Wie sollte diese gestaltet werden? An dieser Stelle wird ein Modell herangezogen, um zu prüfen, ob die Resilienzstrategie des Innenministeriums den Ansprüchen an strategische Kommunikation genügt – eine Kommunikation nicht nur in die Schwester-Ressorts, sondern auch in die Länder und in die Gesellschaft.

Der Golden Circle von Simon Sinek ist ein Leadership-Modell. Er dient gleichzeitig als Führungsinstrument und als Mittel zur betriebsinternen Kommunikation. Der Vorteil des Modells besteht für jede Führungsebene darin, dass strukturiertes Wissen für die Informationsempfänger auf leicht verständliche Weise weitergegeben wird.

„Why?" – Warum und wofür ist es wichtig?

„How" – Wie wollen Sie Ihr Ziel erreichen?

„What" – Was machen Sie, um Ihr Ziel zu erreichen?

Der Autor geht an dieser Stelle nicht weiter darauf ein, beabsichtigt allerdings, die Anwendbarkeit dieses Modells später in einer anderen Veröffentlichung über die taktische Ebene zu untersuchen.

Erkenntnisse

Zu welchem Erkenntnisgewinn in Bezug auf Resilienz in der Gesamtverteidigung gelangt der Leser nach der Lektüre der Resilienzstrategie? Für mich ist die wesentliche Erkenntnis, dass noch keine konkreten Erkenntnisse erkennbar sind. Das liegt daran, dass die Resilienzstrategie noch der Umsetzung bedarf. Anders ausgedrückt: Die Beiträge der einzelnen Bundesressorts zur Umsetzung der Resilienzstrategie sind noch nicht erarbeitet, der Umsetzungsplan wird erst zwei Jahre nach der Resilienzstrategie aus dem Jahr 2024 beschlossen werden. Die Länderarbeit kann folglich noch nicht geleistet sein. Katastrophenschutz ist Länderangelegenheit. Ohne die Folgearbeit der Länder ist diese Strategie Makulatur, denn für eine Umsetzung in die Fläche bedarf es einer „operativen" Ebene. Auch die Bundeswehr kann nicht von dieser Strategie profitieren. Die Resilienzstrategie ist von intellektuellem Interesse, mehr aber auch nicht! Zudem sind die Aussagen der Resilienzstrategie nach innen bzw. in die Länder gerichtet. Der Bürger kann sie zur Kenntnis nehmen. Oder auch nicht!

Nach der Regierungserklärung/der Resilienzstrategie bleibt für die Resilienz festzuhalten:

- Wir müssen uns technisch und gesellschaftlich stärken.
- Wir müssen gegenüber Krisen, Katastrophen und militärischen/hybriden Bedrohungen widerstandsfähig und wehrhaft sein.
- Wir müssen uns an Schadensereignisse anpassen.
- Wir müssen unsere Funktionsfähigkeit erhalten.

Der Umsetzungsplan für die „Deutsche Strategie zur Stärkung der Resilienz gegenüber Katastrophen"

Am 15. Juli 2024, also 733 Tage nach der Billigung der Resilienzstrategie durch die Innenministerin, wurde der Umsetzungsplan für die „Deutsche Strategie zur Stärkung der Resilienz gegenüber Katastrophen" veröffentlicht. Damit setzte die vorherige Bundesregierung unter Bundeskanzler Olaf Scholz ihr im Koalitionsvertrag von 2021 vereinbartes Engagement fort, Bürgerinnen und Bürger besser vor Katastrophen zu schützen.

Ministerin Faeser führte in ihrem Vorwort aus: „Das Ziel, unsere Resilienz umfassend zu stärken, steht für einen Paradigmenwechsel. … In diesem Sinne wollen wir sowohl die staatliche als auch die gesellschaftliche Resilienz auf drei Säulen aufbauen: Die Staats- und Regierungsfunktion zu jeder Zeit aufrechterhalten. Hier ist unser internes Risiko- und Krisenmanagement eine wesentliche Aufgabe. Die Grundversorgung der Bevölkerung stets sicherstellen. Dafür müssen wir vor allem unsere Kritische Infrastruktur schützen und widerstandsfähiger machen. Zu ihr zählen beispielsweise Gesundheit, Energie und Wasserversorgung, Transport und Verkehr sowie Informationstechnik und Telekommunikation. Unsere Gesellschaft befähigen, selbst resilienter zu werden, indem wir unter Beteiligung aller Bevölkerungsgruppen dafür die notwendigen Rahmenbedingungen in allen Lebensbereichen schaffen. Mit dem Umsetzungsplan zur deutschen Resilienzstrategie lassen wir unseren Worten Taten folgen."

Die Resonanz in der Bevölkerung war aus Sicht des Autors kaum bis gar nicht vorhanden. In Vorträgen zum Thema Operationsplan Deutschland in Mecklenburg-

Vorpommern im 1. Halbjahr des Jahres 2024 und in Gesprächen mit den unteren Katastrophenschutzbehörden sowie mit Bürgerinnen und Bürgern war für mich erkennbar, dass die Fachexpertise an einigen zentralen Stellen selbstredend vorhanden war, je weiter er sich jedoch von den wenigen Spezialisten im Ministerium entfernte und in die Landkreise ging, desto weniger detailliert waren die Kenntnisse über diesen Umsetzungsplan. Zum Teil fehlten diese komplett. Nicht, dass die Katastrophenschutzbehörden keinen Plan hätten, sie hatten aber keinen „Umsetzungsplan". Da sich schon ein Kenntnisdefizit hinsichtlich der Resilienzstrategie auftat, war es nicht verwunderlich, dass noch weniger Kenntnisse über den Umsetzungsplan vorhanden waren. Der Autor muss aber eine Lanze für die den Ministerien nachgeordnete Ebene in den Landkreisen und Kommunen brechen. Die Resilienzstrategie einschließlich des Umsetzungsplanes sind in ihrer weitschweifigen Komplexität und aufgrund der fehlenden didaktischen Aufbereitung ihrer Inhalte kaum durchdringbar.

Der Weg bis zum Umsetzungsplan

Das Konzept der Resilienzstrategie beruht auf:

- dem Hyogo-Rahmenaktionsplan (2007)
- dem Sendai Rahmenwerk (2015)
- der Interministeriellen Arbeitsgruppe zur Umsetzung des Sendai Rahmenwerks (IMAG) (2016)
- der Nationalen Kontaktstelle für die deutsche Resilienzstrategie und das Sendai Rahmenwerk (NKS beim BBK) (2017)
- der Deutschen Strategie zur Stärkung der Resilienz gegen Katastrophenfälle (Resilienzstrategie)(2022),

- der Nationalen Plattform zur Stärkung der Resilienz gegenüber Katastrophen (Nationale Plattform Resilienz) (2024)

- den Akteursnetzwerken Staat, Zivilgesellschaft, Wirtschaft, Wissenschaft sowie Medien, Kultur und Bildung (2024) und

- dem Umsetzungsplan der Resilienzstrategie mit dem Umsetzungsbeirat der Nationalen Plattform Resilienz

und ist für die Bürgerinnen und Bürger, die die Innenministerin mit den Worten „Machen Sie mit" zum Engagement auffordert, nicht mehr überschaubar. Jeder dürfte sich komplett „abgehängt" vorkommen.

Zum besseren Verständnis der Undurchdringbarkeit des Weges zum Umsetzungsplan sei eine quantitative Anmerkung gestattet. Der Hyogo-Rahmenaktionsplan von 2007 umfasst in der englischsprachigen Version 25 Seiten. Das Sendai Rahmenwerk 2015-2030 aus dem Jahre 2015 umfasst in der deutschen Übersetzung 34 Seiten. Die nach sieben Jahren Bearbeitungszeit entwickelte Resilienzstrategie für Deutschland aus dem Jahre 2022 hat 118 Seiten. Der zwei Jahre später veröffentlichte Umsetzungsplan der Resilienzstrategie kommt auf noch einmal 146 Seiten (davon 103 Tabellenseiten in Calibri, Schriftgröße 10). Oder schauen wir uns den methodischen Aufbau der Papiere an: Das Sendai Rahmenwerk nennt drei Leitprinzipien, vier Handlungsprioritäten und 90 Maßnahmen. Hieraus leitet die Resilienzstrategie drei Ziele, fünf Handlungsfelder, 49 Maßnahmen und 310 Empfehlungen ab. Der Umsetzungsplan wiederum baut auf drei Säulen auf, hat elf Kernbotschaften, 69 Themen und wird – neben den Daueraufgaben im Risiko- und Krisenmanagement – um weitere 420 Maßnahmen ergänzt.

Was macht die Umsetzung (Umsetzungsplan) der Umsetzung (Resilienzstrategie) der Umsetzung (Sendai Rahmenwerk) aus und welche Maßnahmen sind in der Folge auf der Ebene der Bundesländer (Umsetzung der Bundesländer) und der der unteren Katstrophenschutzbehörden (Umsetzung der Landkreise) bis zu denen der Gemeinden (Umsetzung der Gemeinden) notwendig, um vor Ort als unerlässlich akzeptiert zu werden und die Resilienz tatsächlich zu stärken? Die Menschen werden glauben, dass dieses Thema nicht so wichtig ist, wenn es keiner mehr überblicken und verstehen und schon gar nicht die praktische Relevanz für sich erkennen kann.

Für das Jahr 2022 waren die Mitgliedsstaaten der Vereinten Nationen aufgerufen, einen Zwischenevaluationsbericht zu verfassen. Dieser Zeitpunkt fiel in das Jahr der Veröffentlichung der Resilienzstrategie (2022). Die Bundesregierung konnte somit inhaltlich nichts zur Evaluation beitragen, zumal der Umsetzungsplan der Resilienzstrategie (2024) noch zwei weitere Jahre auf sich warten lassen sollte. Der deutsche Beitrag zum Zwischenbericht der Vereinten Nationen ist nach Kenntnis des Autors selbst noch nicht in deutscher Sprache vorhanden, zumindest hat der Autor ihn nicht im Internet gefunden. Erneut wären die von Amts wegen damit betrauten und/oder persönlich interessierten Menschen vom Inhalt „abgehängt".

Ministerin Faeser hebt in ihrem Vorwort des Umsetzungsplans elf Kernbotschaften der Resilienzstrategie hervor, die sich darin selbst nicht finden lassen. Der Autor empfiehlt dem neuen Innenminister Dobrindt, die Produkte bei Gelegenheit zu synchronisieren.

Beispielhaft werfe ich nun einen sehr kurzen Blick auf den Bereich „Maßnahme 3.11 Zivile und Militärische Verteidigung", um zu prüfen, ob und ggf. wie der Umsetzungsplan zur deutschen Resilienzstrategie den Worten Taten folgen lässt. Zur Erinnerung: In dem Abschnitt 3.11 werden ausgewählte aktuelle Maßnahmen der Bundesregierung aufgeführt, die zur Umsetzung des Handlungsfelds „In die Katastrophenvorsorge investieren, um die Resilienz zu stärken" beitragen. Es handelt sich um konkrete Vorhaben.

Anhand von vier Maßnahmen veranschaulicht der Autor die „Realitätsferne" der Dokumente für die Umsetzung in den Ländern und Kommunen sowie für den interessierten Bürger, der ja eigentlich mitmachen soll. Ich bitte alle Leser, sich diese Papiere anzuschauen und zu bewerten, ob der Autor vielleicht doch zu kritisch urteilt.

Maßnahme (Nr. 2): Umsetzung und Fortschreibung der Zivilen Alarmplanung (ZAPl) – Schutz und Versorgung der Bevölkerung, Handlungsfähigkeit des Staates und Unterstützung der eigenen sowie der alliierten Streitkräfte sollen im Spannungs- und Verteidigungsfall reibungslos funktionieren. Dies erfordert einen Krisenreaktionsmechanismus, in den alle öffentlichen Stellen eingebunden sind, die einen Beitrag zur Gesamtverteidigung zu leisten haben. Die Umsetzung der ZAPl beinhaltet u. a. die Identifizierung (inkl. regelmäßiger Aktualisierung) der Kernprozesse, Fortschreibung des Alarmkalenders sowie die Etablierung von Bund-/Länder-Koordinierungsgremien sowie der nötigen Unterarbeitsgruppen. Fazit des Autors: Hier geht es nicht um konkrete Maßnahmen, hier geht es um die Etablierung von Gremien.

Maßnahme (Nr. 3): Erstellung eines detaillierten Leitfadens zur Umsetzung der Richtlinie für die Zivile Alarmplanung (ZAPRL) – Es wird ein Leitfaden erstellt, der die Verantwortlichen in den öffentlichen Stellen, die einen Beitrag zur Gesamtverteidigung zu leisten haben, dabei unterstützt, die ZAPRL umzusetzen. Fazit des Autors: Hier geht es nicht um Taten, hier geht es um einen Leitfaden.

Maßnahme (Nr. 20): Intensivierung der Zivil-Militärischen Zusammenarbeit – Die Bundespolizei intensiviert die Zivil-Militärische Zusammenarbeit im Rahmen der Alltagsorganisation mit dem Ziel des ständigen Lage- und Informationsaustausches sowie des Erkennens und Optimierens von Schnittstellen sowie Prozessabläufen. Fazit des Autors: Hier steht das Optimieren von Schnittstellen und Prozessabläufen im Vordergrund.

Maßnahme (Nr. 27): Resilienz in der NATO stärken – Stärkung der Resilienz der NATO-Mitgliedsstaaten mit Fokus auf der Abschreckungs- und Verteidigungsfähigkeit sowie Förderung der Kooperation zwischen NATO und EU. Fazit des Autors: Fehlanzeige. Es gibt keine Folgerungen für die Praxis in den Ländern und Kommunen. Auch für die Bürger lässt sich daraus kein bestimmtes Handeln ableiten.

Diese hier angesprochenen Maßnahmen könnten nicht unterschiedlicher sein. Wenn die Umsetzung des ZAPL (Maßnahme 2) erst einmal einer „Etablierung von Bund-/Länder-Koordinierungsgremien sowie der nötigen Unterarbeitsgruppen“ bedarf, dann darf man sich nicht wundern, dass in den Ländern und Kommunen, also „unten“, auf absehbare Zeit kein handlungsrelevantes Ergebnis ankommen wird. Wir Deutschen schauen gerne auf die EU, werfen ihr „Bürokratiewahnsinn" vor und erkennen dabei nicht, dass wir an der Spitze derjenigen marschieren, die es mit der Bürokratisierung übertrieben haben. Eigentlich müssten wir Spitzenreiter im Bürokratieabbau werden. Wir sind um keinen Deut besser als die „Bürokraten" in Brüssel oder Strasbourg. Allein die Vorstellung, die Stärkung der Resilienz in der NATO (Maßnahme 27) mit der Öffentlichkeit zu diskutieren und bis hinunter auf die kommunale Ebene zu kommunizieren, lässt nicht auf einen ausgeprägten Realitätssinn schließen. Darüber hinaus ist nicht einmal dargelegt worden, worin das NATO-Defizit an Resilienz besteht. Worüber soll der Autor in Schwerin, Güstrow oder Stralsund denn mit den interessierten Bürgern reden?

Mit diesen sogenannten „konkreten" Maßnahmen zur Stärkung der Resilienz gegen Katastrophenfälle, die „unsere Gesellschaft befähigen, selbst resilienter zu werden, indem wir unter Beteiligung aller Bevölkerungsgruppen dafür die notwendigen Rahmenbedingungen in allen Lebensbereichen schaffen", verlassen wir das weite Feld der Resilienzstrategie.

Erkenntnisse

Zu welchem Erkenntnisgewinn in Bezug auf Resilienz in der Gesamtverteidigung gelangt der Leser nach der Lektüre des Umsetzungsplans? Die Bundesressorts haben ihre Beiträge zur Umsetzung der Resilienzstrategie abgeliefert. Die Länderarbeit könnte nun beginnen.

Die Resilienzstrategie richtet sich vor allem an die Bundesländer. Der Bürger bekommt, wenn er sich durch die Papiere durchgequält hat, ansatzweise ein Gefühl dafür, was die Maßnahmen für den Erwerb seiner persönlichen Resilienz bedeuten könnten. Das ist nicht viel, aber schon mal ein kleiner Fortschritt.

Kommen wir nun zum Dachdokument deutscher Sicherheits- und Verteidigungspolitik, der Nationalen Sicherheitsstrategie.

Nach der Regierungserklärung/der Resilienzstrategie/dem Umsetzungsplan bleibt für die Resilienz festzuhalten:

> Wir müssen uns technisch und gesellschaftlich stärken.
> Wir müssen uns gegen Krisen, Katastrophen, militärische/hybride Bedrohungen schützen.
> Wir müssen uns an Schadensereignisse anpassen.
> Wir müssen unsere Funktionsfähigkeit erhalten.
> Wir müssen unsere Grundversorgung sicherstellen.
> Wir müssen unsere Kritische Infrastruktur schützen.
> Wir müssen widerstandsfähig sein und jeder muss seinen Teil dazu beitragen, unsere Gesellschaft zu befähigen, resilienter zu werden.

Die „Nationale Sicherheitsstrategie"[21]

Die Nationale Sicherheitsstrategie Deutschlands vom 14. Juni 2023 ist das herausgehobene und übergeordnete Dokument, dem alle anderen hier behandelten Dokumente inhaltlich folgen sollen. Die „Konzeption Zivile Verteidigung" und die „Deutsche Strategie zur Stärkung der Resilienz gegen Katastrophenfälle" sind der Nationalen Sicherheitsstrategie also hierarchisch nachgeordnet. Der Grund des früheren Erscheinens der beiden erstgenannten Papiere bestand darin, dass Deutschland bis 2023 keine nationalen Sicherheitsinteressen in Form einer Sicherheitsstrategie definiert hatte. Diese Lücke schloss Außenministerin Annalena Baerbock am 14. Juni 2023.

Einführung

Die Sicherheitsstrategie wird mit zwei Vorworten eingeleitet. Der damalige Bundeskanzler Olaf Scholz nennt als Ziel der Sicherheitsstrategie, welche „die erste in der Geschichte unseres Landes" ist, die „Sicherheit der Bürgerinnen und Bürger zu wahren und unseren Beitrag zur Sicherheit Europas zu leisten". Die damalige Außenministerin Baerbock führt als deren Ziel an, „… uns in allen Lebensbereichen robuster zu machen". Dass die Sicherheits-„Strategie" eine andere Flughöhe als die von mir gerade vorgestellte Resilienz-„Strategie" hat, zeichnet die Sicherheitsstrategie aus. Auffällig ist die Ausdruckweise von Ministerin Baerbock, wenn sie schreibt: „Sicherheit bedeutet, … dass im Winter unsere Heizungen laufen…, dass wir in Apotheken

---

Medikamente für unsere Kinder finden. Dass unsere Smartphones funktionieren, weil die notwendigen Mikrochips verlässlich geliefert werden können. Dass wir sicher zur Arbeit kommen, weil unsere Züge nicht durch Cyberanschläge lahmgelegt sind." Scheinbar hat sie die Hand am Puls der Menschen und weiß, wo ihnen der Schuh drückt. Erfreulicherweise lässt sie an vielen Stellen „Pragmatismus" durchscheinen. „In Gesprächen der letzten Monate haben mir viele Bürgerinnen und Bürger" (oder Menschen, Einwohner, Leute; ergänzt durch U.N.) gesagt, wie sehr ihnen auf einmal neu bewusst ist, dass wir uns mehr um unsere Sicherheit kümmern müssen." Sicherheit ist nach ihren Worten dreidimensional: Schutz vor Krieg und Gewalt und die Unverletzlichkeit unseres Lebens; Schutz unserer Freiheit; Schutz unserer natürlichen Lebensgrundlagen.

Inhalt der Sicherheitsstrategie

Im Gegensatz zur Resilienzstrategie handelt es sich bei der Zusammenfassung der Sicherheitsstrategie um eine „richtige" Zusammenfassung. Deren Lektüre ist ausreichend, um sich ein solides Basiswissen über die Sicherheitsstrategie anzueignen.

Die Bundesregierung verfolgt mit der Strategie das Konzept einer „Integrierten Sicherheit". Darunter ist zu verstehen, dass Sicherheitspolitik mehr ist als die „Summe aus Diplomatie und Militär"; „sie muss alle Stränge unserer Politik zusammenführen".

Die Sicherheitsstrategie will die Sicherheitspolitik auf den Menschen ausrichten. Wenn die Sicherheit jedes Einzelnen wächst, nimmt auch die Stabilität von Staat und Gesellschaft zu. Und die Ministerin ist ehrlich, wenn sie schreibt: „Bei der Verteidigung unserer Werte und Durchsetzung unserer Interessen müssen wir uns Zielkonflikten stellen, die sowohl politische Abwägungen als auch Entscheidungen erfordern. Maßgabe für die Bundesregierung ist, diese offen anzugehen und transparent zu erörtern." Eine ähnliche Formulierung wie „Ein Leben in Frieden und Freiheit ist nicht mit einem Sondervermögen zu erreichen, sondern nur durch das Engagement und die Einsatzbereitschaft von allen in Deutschland lebenden Menschen und deren Beitrag" hätte der Autor gerne bei der Regierungserklärung vom 27. Februar 2022 gehört.

Das Kernkapitel bildet die „Integrierte Sicherheit für Deutschland" mit gut 40 Seiten. Integrierte Sicherheit will vorbeugendes, eingreifendes und nachsorgendes Handeln zusammenführen und mittel- bis langfristigen Herausforderungen begegnen. Dazu wird die Integrierte Sicherheit in drei Unterkapiteln behandelt: „Wehrhaft: Frieden in Freiheit" – „Resilient: Die Sicherung unserer Werte durch unsere Stärke" – „Nachhaltig: Die Sicherheit unserer Lebensgrundlagen".

Wehrhaft.

Die Sicherheit Deutschlands kann nicht von der Sicherheit unserer Verbündeten in der NATO und von unseren europäischen Partnern getrennt werden. Bündnisverteidigung ist Landesverteidigung. „Die Bundesregierung wird sich geschlossen gegen jede militärische Aggression oder Einschüchterungsversuche gegen uns oder unsere Verbündeten zur Wehr setzen." (S. 33) Der Schlüssel der Wehrhaftigkeit liegt in der Resilienz: „Aufgrund der starken Wechselwirkungen zwischen äußerer und innerer Sicherheit hängt die Handlungsfähigkeit Deutschlands nach außen zunehmend auch von seiner Resilienz im Inneren ab. Diese liegt in der gemeinsamen Verantwortung von Staat, Wirtschaft und Gesellschaft." (S. 37) „Das ist doch einmal was", denkt der Autor, endlich wird auch die Gesellschaft mit in die Verantwortung genommen. Der nächste Satz scheint aus der Feder des Innenministeriums zu stammen und ist hier völlig fehl am Platze: „Um die Sicherheit der Menschen unseres Landes vor Katastrophen und Krisen umfassend zu stärken, bedarf es eines gesamtgesellschaftlichen Ansatzes." (S. 37) Die Nutzung des Begriffs „wehrhaft" in Verbindung mit Katastrophen ist sachlich falsch. Gegen Katastrophen kann man sich nicht wehren, man kann sich vor ihnen nur schützen. Ansonsten müsste der Begriff „Katastrophenschutz" durch „Katastrophenabwehr" ersetzt werden, was Wortsinn und gesundem Menschenverstand widerspricht.

„Die Bundesregierung, die Länder, die Kommunen, die Wirtschaft, zivilgesellschaftliche Organisationen – aber auch jede und jeder Einzelne – können und sollen hierzu beitragen." (S. 37) Diese Aufforderung hätte auch noch schärfer formuliert werden können. Wenn wir den Anspruch haben, eine „Resilienz im Inneren" aufzubauen, dann dürfen wir nicht von „können" oder „sollen" sprechen, sondern müssen von „müssen" reden!

Um die kommenden Generationen vor Herausforderungen von außen zu schützen, so die Sicherheitsstrategie, müsse auch – gerade vor dem Hintergrund des russischen Angriffs auf die Ukraine – die Europäische Union weiterentwickelt werden.

Resilient.

Die Bedeutung von Resilienz findet sich prominent nicht nur im Unterkapitel „Wehrhaft.", ihr wird auch im zentralen und seitenstärksten Kapitel der Integrierten Sicherheit ein eigenständiges Unterkapitel gewidmet: „Resilient."

Im Nachfolgenden werden die Aussagen mit Bezug zur Resilienz in einer Aufzählung wiedergegeben. Am Beginn jedes Punktes könnte stehen „Resilienz beinhaltet":

- die gezielte Nutzung und Fortentwicklung bestehender Mechanismen und Strukturen zur Abwehr hybrider Bedrohungen in EU und NATO, in G7 und OSZE;

- das Eintreten für die Stärkung und Fortentwicklung einer freien internationalen Ordnung auf Grundlage des Völkerrechts und der Charta der Vereinten Nationen;

- die Sicherstellung der Öffentlichkeitsarbeit, so dass transparente, verlässliche Informationen über Regierungshandeln einfach zugänglich sind, um relevante mediale Räume nicht Desinformationskampagnen zu überlassen;

- die verstärkte Förderung von anwendungsorientierter Forschung und Entwicklung zum Thema Desinformation;

- die schnellere Identifizierung und Löschung rechtswidriger Inhalte zur Verhinderung der Verbreitung radikalisierender Inhalte über das Internet;

- die Innovationskraft für eine Widerstands- und Wettbewerbsfähigkeit durch technologische und digitale Souveränität aufzubringen;

- die Cybersicherheit als eine gemeinsame Aufgabe von Staat, Wirtschaft, Wissenschaft und Gesellschaft zu verstehen. Dazu ist die Cyberarchitektur weiterzuentwickeln, die Technologien zu fördern und die Kooperation mit der Wirtschaft zu intensivieren;
- gezielt gestreute Desinformation durch in- oder ausländische Akteure aufzudecken;
- die Fähigkeiten zur Erkennung, Analyse und Abwehr hybrider Bedrohungen auszubauen und ihre Instrumente zur Reaktion weiterzuentwickeln, einschließlich der Stärkung der Analysefähigkeit unserer Nachrichtendienste;
- die Stärkung der Spionage- und Sabotageabwehr;
- den Einsatz für Menschenrechte weltweit als ein ethisches Gebot zu verstehen;
- den regelbasierten Zugang zu Märkten, Rohstoffen und Technologie;
- die Stärkung sowohl der Rohstoff- und Energiesicherheit durch Diversifizierung als auch des Wirtschafts- und Finanzsystems;
- die wachsende Bedeutung des Weltraums für die eigene Sicherheit und für moderne Streitkräfte zu erkennen.

Diese Auflistung verdeutlicht, dass mit Resilienz zugleich ein „Unterstützungskatalog" einhergeht. Resilienz ist als eine gesamtstaatliche und gesamtgesellschaftliche Aufgabe zu verstehen, die im Frieden beginnen muss – nicht erst, wenn hybride Bedrohungen klar erkennbar sind – und den Staat, die Gesellschaft und Wirtschaft, aber auch internationale Mitspieler, miteinschließt. In der Zusammenfassung der Nationalen Sicherheitsstrategie steht zurecht: „Resilient. Die Sicherung unserer Werte durch innere Stärke." (S. 49)

Dieser Mittelteil der Nationalen Sicherheitsstrategie „Wehrhaft. Resilient. Nachhaltig" zeigt im Unterschied zum psychologischen Begriffsverständnis nicht, *wie* Resilienz bei Menschen aufgebaut und gestärkt werden kann, sondern ausschließlich, *wofür* Resilienz benötigt wird. Vier Aussagen zielen auf die Bevölkerung:

- die Stärkung der Fähigkeiten der Bevölkerung gegenüber offenen und verdeckten Angriffen auf unsere demokratischen Werte, auch in der Europäischen Union – bei gleichzeitigem Entgegenwirken von Angriffen auf die Integrität demokratischer Willensbildungsprozesse und einer systematischen Unterwanderung unserer offenen Gesellschaften;

- die freiheitliche demokratische Grundordnung zu verteidigen und uns gegen Spionage, Sabotage, illegitime Einflussnahme von außen ebenso wie gegen Desinformation und jede Form von Extremismus zu schützen; damit einher gehe die Förderung des Vertrauens der Bevölkerung in eine wehrhafte Demokratie;

- die Früherkennung von manipulativer Kommunikation im Informationsraum auszubauen, Reaktionsfähigkeiten zu verbessern und die demokratischen Werte und Sichtweisen international überzeugend zu vertreten;

- das wirkungsvolle Entgegentreten der Bedrohungen durch Extremismus jeglicher Art, insbesondere gegen den Rechtsextremismus.

Wie die Stärkung der Fähigkeiten der Bevölkerung umgesetzt oder erreicht werden soll, wird nicht ausgeführt.

Das dritte Unterkapitel zur Nachhaltigkeit hat eine nachrangige Bedeutung für die Resilienz in der Gesamtverteidigung. Daher wird der Inhalt im Folgenden nur sehr knapp dargestellt.

Nachhaltig.

Unter diesem Stichwort befinden sich folgende Feststellungen und Forderungen:

- Die Entfaltung einer großen Dynamik zur globalen Bewältigung der Biodiversitäts- und Ökosystemkrise ist notwendig.
- Die nationale Umsetzung der Wasserstrategie ist voranzutreiben.
- Der Bekämpfung der Klimakrise ist eine sehr hohe Bedeutung beizumessen.
- Die Klimakrise wird die globale Ernährungssicherheit besonders gefährden. Sie bedroht das Menschenrecht auf Nahrung.
- Die Verwirklichung des Menschenrechts auf angemessene Nahrung ist ein Leitbild deutschen Handelns. Eine Beeinträchtigung führt zu einer Destabilisierung unserer Gesellschaft.
- Ein ganzheitlicher „One Health-Ansatz" zur Pandemieprävention wird verfolgt, der die Verbindungen und Wechselwirkungen zwischen der Gesundheit von Menschen, Tier und Umwelt aufgreift.

Zusammenfassend kann für die Sicherheitsstrategie festgehalten werden, dass sie leicht verständlich und logisch aufgebaut ist. Sie verliert sich nicht in „Ziele,

Maßnahmen, Empfehlungen, Leitprinzipien, Handlungsfelder" etc. Dagegen wird das Ziel der Sicherheitsstrategie, „auch zur Weiterentwicklung der strategischen Kultur in Deutschland bei(zu)tragen und Ausgangspunkt für eine gesellschaftliche Debatte (zu) sein" (S. 77), nach Ansicht des Autors nicht erreicht. Dieses Ziel ist auch überambitioniert, weil es „am wirklichen Leben" der meisten Menschen in Deutschland vorbeigeht.

Die Sicherheitsstrategie hat mit der Resilienzstrategie gemein, dass deren Verfasser ebenfalls davon ausgehen, diese Strategie sei in der Bevölkerung bekannt. Genau das ist nicht der Fall. Der Autor vermutet aufgrund eigener Erfahrungen, dass nicht einmal ein Prozent der Bevölkerung die Sicherheitsstrategie kennen dürfte und noch weniger als 0,1 Prozent sie von A bis Z gelesen hat. Damit wäre das Ziel der Bundesregierung, „ein in der Breite unserer Gesellschaft verankertes Verständnis von Integrierter Sicherheit zu entwickeln", nicht erreicht. Der hehre Vorsatz, „gemeinsam zu erfassen, was zum Erhalt und zur Stärkung der Sicherheit und Freiheit Deutschlands getan werden muss, damit unser Land und unsere Politik wehrhaft, resilient und nachhaltig" werden, ist zum Scheitern verurteilt, wenn die Regierung nicht in der Lage ist, die Themen im Alltag der Bevölkerung zu platzieren. Möglichkeiten hierzu gäbe es ausreichend, wenn der politische Wille vorhanden wäre. Der Autor regt hierzu Podcasts, Videos auf YouTube und eine Dokumentation z.B. im öffentlich-rechtlichen Fernsehen an.

Der „regelmäßige Austausch mit dem Deutschen Bundestag und den Ländern zu Fragen der nationalen Sicherheit und zur Umsetzung der Nationalen Sicherheitsstrategie" (S. 77) bleibt davon unbenommen.

Mit der Veröffentlichung der Nationalen Sicherheitsstrategie müssen nun die nachgeordneten und zu einem früheren Zeitpunkt veröffentlichten Dokumente auf ihre Aktualität, Kongruenz und Folgerichtigkeit, auch in Bezug auf das Thema der Resilienz, überprüft werden. Ob diese Arbeit bereits begonnen hat, weiß der Autor nicht.

Erkenntnisse

Zu welchem Erkenntnisgewinn in Bezug auf Resilienz in der Gesamtverteidigung gelangt der Leser nach dem Studium der Nationalen Sicherheitsstrategie? Deren Aussagen sind ausschließlich nach innen gerichtet, sie geben Orientierung für Regierungshandeln. Die Bundesländer wissen nun, in welche Richtung der Resilienzaufbau in Deutschland gehen soll. Sie werden erste Überlegungen zur Umsetzung in der Fläche anstellen. Der Bürger bekommt ein Gefühl dafür, was die Stärkung von Resilienz für ihn persönlich bedeutet.

Nach der Nationalen Sicherheitsstrategie bleibt für die Resilienz festzuhalten:

> Wir müssen unsere Fähigkeiten gegenüber offenen und verdeckten Angriffen auf die freiheitliche demokratische Grundordnung stärken.
> Wir müssen uns gegen Spionage, Sabotage, illegitime Einflussnahmen, Desinformationen und Extremismus schützen.
> Wir müssen unsere Früherkennung von manipulativer Kommunikation ausbauen.
> Wir müssen unser Engagement für die demokratischen Werte verbessern und wirkungsvoll den Bedrohungen durch Extremismus entgegentreten.

Die „Verteidigungspolitischen Richtlinien 2023"

Die „Verteidigungspolitischen Richtlinien 2023" (VPR) ersetzen das „Weißbuch 2016" und die „Konzeption der Bundeswehr" aus dem Jahr 2018.

So ergiebig diese Richtlinien für die Darstellung der Gesamtverteidigung sind, so unergiebig sind sie für die Beleuchtung der Frage nach der Bedeutung der „Resilienz". Der Grund dafür wurde bereits im Kapitel über die Regierungserklärung vom 27. Februar 2022 angeführt: „Die Bundeswehr hat nicht resilient, sie hat einsatzbereit und kriegstüchtig zu sein."

Aus diesem Grunde kann der Autor mit dem in den VPR kaum genutzten Begriff der Resilienz nicht weiterkommen. Daher setzt er im Folgenden Begriffe wie „kriegstauglich", „einsatzbereit", „wehrhaft, wehrbereit und wehrwillig" synonym mit resilient.

Wenn der Begriff der Resilienz in den vom BMVg herausgegebenen VPR verwendet wird, hat es den Anschein, als zeigten die Autoren „mit dem Finger" auf andere. So richten sich die darin aufgenommenen Forderungen „Ausbau der Gesamtverteidigung und gesamtstaatlicher Resilienz mit Beiträgen der Bundeswehr", „Resilienz und Schutz verteidigungswichtiger Infrastruktur", „Resilienzbildung unserer Partner", „Resilienzbildung und nachhaltige Sicherheit unserer Partner", „Resilienzbildung und Ertüchtigung in unseren Partnerstaaten", „Resilienz und Redundanz der sicherheits- und verteidigungsindustriellen Basis in Deutschland und Europa" und „Resilienz von Staat und Gesellschaft" an andere Ministerien.

Die Bundeswehr nimmt den Begriff „Resilienz" für sich

nicht an. Wenn der Begriff genutzt wird, dann nur für Bereiche, die nicht in der Verantwortung der Bundeswehr liegen, aber von vitalem Interesse für deren Kriegstüchtigkeit sind.

Im Vorwort der VPR geben Verteidigungsminister Boris Pistorius und Generalinspekteur Carsten Breuer die Stoßrichtung vor: „Mit diesen Verteidigungspolitischen Richtlinien machen wir die notwendigen Vorgaben für die Bundeswehr in der Zeitwende." Sicherlich ist dieses Dokument auch für die Bundeswehr „nach" der Zeitenwende gedacht. Der Autor stellt sich die Frage, wie lange eine Zeitenwende dauert, damit es nicht nur zu einem „Abbiegen", sondern zu einem wirklichen „Wenden" kommt[22]. Es bleibt nach den „notwendigen Vorgaben" zu hoffen, dass die Umsetzung der geforderten Maßnahmen zeitnah erfolgen kann. Positiv zu bewerten ist die Geschwindigkeit des Herangehens und dass nicht wie bei der Resilienzstrategie die Zeit durch Arbeitsgruppen, Unterarbeitsgruppen, Expertengruppen in Gruppen- oder Zugstärke ver(sch)wendet wird. Dieses Verfahren kostete dem Innenministerium allein zwei Jahre für den Umsetzungsplan, Zeit, die an der Basis fehlt.

Alle Strukturen und Prozesse haben laut VPR einem einzigen, übergeordneten Ziel zu dienen: „der Wehrhaftigkeit und, für den Fall der Streitkräfte, der Kriegstüchtigkeit". Militärisch überspitzt – in Anlehnung an den vom General Breuer genutzten Bundeswehrwerbeslogan „Wir sind dafür da, dass ihr gegen uns sein könnt" – könnte auch gesagt werden: „Zivilgesellschaft hergehört! Wir sind auch dafür (da), dass ihr wehrhaft

---

[22] Bundeskanzler Merz sagte auf dem WDR-Europaforum am 26. Mai 2025: „Die Zeitenwende ist jetzt."

werdet!" Bedeutet dies etwa, dass eine kriegstüchtige Bundeswehr erzieherisch auf die Gesellschaft einwirken soll? Oder dass die deutschen Streitkräfte ihre Kriegstüchtigkeit nur erreichen können, wenn die Gesellschaft bereits „wehrhaft" geworden ist? Kriegstüchtigkeit und Wehrhaftigkeit dürfen nicht nacheinander, sondern müssen nebeneinander gefördert werden.

„Als Staat und Gesellschaft haben wir die Bundeswehr jahrzehntelang vernachlässigt", heißt es unisono. Das ist richtig. Da ist wieder dieses „Wir". Ist es dasselbe „Wir.Dienen.Deutschland.-Wir"? Wohl kaum. Gemeint sein könnte: Die Politik hat die Bundeswehr „kaputtgespart" und die Gesellschaft hat den Niedergang mit „freundlichem Desinteresse" begleitet. Auch die Gier-Debatte nach dem völlig unnötigen Rüffel des seinerzeitigen Verteidigungsministers Thomas de Maizière („hört einfach auf, dauernd nach Anerkennung zu gieren") hat der Wertschätzung des Dienstes in der Bundeswehr deutlich geschadet. Außen wie innen.

Das Zentrum für Militärgeschichte und Sozialwissenschaften der Bundeswehr (ZMSBw) hat durch seine jährlichen Bevölkerungsumfragen zum sicherheits- und verteidigungspolitischen Meinungsbild der Deutschen die fortschreitende gesellschaftliche Etablierung des eingeführten Veteranenbegriffs belegt. Die Kenntnis über die neue Veteranenkultur in Deutschland stieg in der Bevölkerung von 28 Prozent im Jahr 2012 auf 57 Prozent im Jahr 2022. Die hohe Wertschätzung der deutschen Bevölkerung für ihre Streitkräfte kommt auch darin zum Ausdruck, dass die Präsidentin des Deutschen Bundestages den 15. Juni 2025 zum ersten bundesweiten „Veteranentag" erklärte. Künftig soll jedes Jahr um dieses Datum herum der Veteranentag gefeiert werden.

Die bei der Behandlung der Nationalen Sicherheitsstrategie gestellte Frage, ob alle nachfolgenden Dokumente inhaltlich den strategischen Vorgaben Rechnung tragen sollen, kann gleich zu Beginn positiv beantwortet werden. „Mit der Nationalen Sicherheitsstrategie hat die Bundesregierung die strategische Kursbestimmung für die deutsche Sicherheits- und Verteidigungspolitik vorgenommen." Punkt abgehakt.

Inhalt der VPR

Entgegen aller militärischen „Gepflogenheit" („Ich fasse zusammen…") liefern die VPR keine Zusammenfassung. Das hindert den Leser daran, „eine Abkürzung zu nehmen", d.h. sich schnell einen Überblick zu verschaffen und zu erkennen, ob die Inhalte für ihn relevant sind.

Die VPR „machen… die notwendigen Vorgaben für die Bundeswehr in der Zeitenwende." Im ersten Teil mit den Kapiteln „Verteidigungspolitische Standortbestimmung" und „Strategische Prioritäten der Verteidigungspolitik" knüpfen sie „an die Nationale Sicherheitsstrategie an und entwickeln sie verteidigungspolitisch fort".

Im zweiten Teil formulieren sie auf Grundlage des ersten Teils den „Kernauftrag und die Aufträge der Bundeswehr", machen „Vorgaben für die Gesamtkonzeption der militärischen Verteidigung" einschließlich der Vorgaben für eine Militärstrategie und für das Fähigkeitsprofil der Bundeswehr.

In einem dritten Teil mit Grundlagen für eine leistungsfähige Bundeswehr der Zukunft geht es um grundlegende Veränderungen. „Das reicht von unseren

Strukturen über unsere Rüstungs- und Beschaffungs-
verfahren bis hin zu unserem gemeinsamen Selbstverständnis."

Die drei Teile werden entsprechend ihrer Bedeutung
für die Resilienz in der Gesamtverteidigung behandelt.
Einige Kapitel werden, wenn sie dafür grundsätzlich
eine nachrangige Bedeutung haben, nur der Vollständigkeit halber angerissen.

Standortbestimmung und Strategische Prioritäten

Die Russische Föderation bleibe wahrscheinlich die
größte Bedrohung für den Frieden und die Sicherheit in
Europa. Die Landes- und Bündnisverteidigung sei, als
ein Beitrag zur Gesamtverteidigung, die (!) Voraussetzung für die Handlungsfähigkeit der Regierung und
„damit für den umfassenden Schutz der Bevölkerung in
Krise, Krieg und gegenüber hybriden Bedrohungen"
unentbehrlich. Deutschland brauche hierzu eine starke
und umfassend einsatzbereite Bundeswehr. Das Herstellen der Einsatzbereitschaft „duldet" keinen Auf-
schub. Dieser Aussage wird jeder zustimmen. Zugleich
versetzt sie jeden Leser in Erstaunen, wenn er sich die
Äußerung von Bundeskanzler Scholz vom 17. Mai 2024
in Schweden in Erinnerung ruft, als dieser vom „über-
schaubaren" Personalproblem der Bundeswehr sprach.
Die seit Jahren geführten Diskussionen über eine Wiedereinführung der Allgemeinen Wehrpflicht oder über
eine Dienstpflicht führten bisher zu keinem Ergebnis.
Verteidigungsminister Pistorius hat am 12. Juni 2024 in
der Bundespressekonferenz seinen Ansatz vom
„Neuen Wehrdienst" vorgestellt. Dieser sieht folgende
Schritte vor: Zuerst die Erfassung derjenigen, die im
wehrdienstfähigen Alter sind. Männer und Frauen wer-

den angeschrieben, ihnen wird ein Fragebogen zugeschickt, einschließlich der Abfrage nach ihrer körperlichen Fitness und ihrer Motivation, in der Bundeswehr zu dienen. Die Beantwortung sei für die Männer verpflichtend und für Frauen freiwillig. Durch diese direkte Ansprache würden sich viele junge Männer und Frauen vermutlich zum ersten Mal mit der Frage befassen, warum wir eine Bundeswehr haben und ob sie selbst für einen Wehrdienst zur Verfügung stünden. Für Interessierte wird es ein umfassendes digitales Informationsangebot geben. Ein Teil der jungen Männer, die den Fragebogen ausgefüllt haben, wird aufgefordert, sich mustern zu lassen. Frauen können sich freiwillig einer Musterung unterziehen. Die Geeignetsten und Motiviertesten werden ausgewählt. Der Koalitionsvertrag bestätigt die Absicht des Ministers: „Wir schaffen einen neuen attraktiven Wehrdienst, der zunächst auf Freiwilligkeit basiert." Es bleibt allerdings fraglich, ob sich die prekäre Personallage der Bundeswehr mit dieser Maßnahme rechtzeitig positiv entwickeln und mit dem Aufwuchs der Materiallage Schritt halten wird. Hinzu kommt, dass die NATO im Juni 2025 bei ihrem Gipfel in Den Haag beschließen wird, die Truppenstärken der NATO-Mitglieder zu erhöhen.

Deutschland, so heißt es weiter in der während der Präsidentschaft von Joe Biden geschriebenen VPR, festige die NATO als Garant von Abschreckung und Verteidigung und stärke die EU im Rahmen ihrer Gemeinsamen Sicherheits- und Verteidigungspolitik. „Wir" Deutsche verpflichten uns darin, einen Schwerpunkt auf die Resilienzbildung und Ertüchtigung in unseren Partnerstaaten – man sollte militärisch hinzufügen: im Rahmen freier Kapazitäten – zu legen und deren Wider-

standsfähigkeit gegenüber destabilisierender Einflussnahme und militärischer Aggression von außen zu fördern.

Weiterhin seien „robuste" rüstungsindustrielle Kapazitäten bereitzustellen, die Resilienz und der Schutz verteidigungswichtiger sowie kritischer Infrastruktur auszubauen, die Sicherstellungs- und Vorsorgegesetze be-
züglich ihrer Anwendbarkeit anzupassen, die gesamtstaatliche Resilienz auszubauen und für die Zusammenarbeit der Bundeswehr mit „Staat, Gesellschaft und
Wirtschaft" ein gemeinsames Verständnis für die Bedeutung „unserer" Wehrhaftigkeit zugrunde zu legen.
Hier wird nicht nur die Frage zu beantworten sein, wer
diese Wehrhaftigkeit definieren, sondern auch, wer sie
umsetzen soll. Insgesamt eine nicht zu unterschätzende
Aufgabe, die nicht auf die lange Bank geschoben werden sollte, denn „in fünf Jahren müssen wir kriegstüchtig sein", so General Breuer. Es bleiben von heute ge-
rechnet noch drei Jahre!

Dieses Ziel erreichen wir nicht mit dem weiter oben angesprochenen freiwilligen Wehrdienst.

Kernauftrag und Vorgaben

Kernauftrag der Bundeswehr sei die „zeitgemäße" Lan-
des- und Bündnisverteidigung. Sie trage außerdem zur
Resilienz von Staat und Gesellschaft bei, insbesondere
durch subsidiäre Unterstützungsleistungen sowie Dau-
ereinsatzaufgaben und Kooperationen im Rahmen von
Ressortleistungen. Sie nähme nationale territoriale
„Aufgaben außerhalb des Spannungs- und Verteidi-
gungsfalles (Heimatschutz)" wahr und leiste Hilfe in
„Fällen von Naturkatastrophen, schweren Unglücken
und ... bei innerem Notstand sowie Amtshilfe".

Die VPR bilden den Anknüpfungspunkt und Schulterschluss für die Konzeption Zivile Verteidigung. Sie machen Vorgaben für die militärstrategische und strategisch-konzeptionelle Umsetzung.

Eine nähere Betrachtung ihres zweiten Teils bringt für die Frage nach den Maßnahmen zur Stärkung der Resilienz keinen erkennbaren Mehrwert, abgesehen vom Abschnitt „Nationale Zielvorgabe". Für die Landes- und Bündnisverteidigung sei eine personelle Aufwuchsfähigkeit vorzusehen. Und damit verlässt die Bundeswehr den Fahrersitz. Unterhalb des Spannungsfalles hat die Bundeswehr momentan keine Handhabe, beorderte Reservisten verpflichtend heranzuziehen, was so viel heißt wie: „Rufen kann ich Euch wohl, kommen müsst ihr nicht". Hier schwingt die Erfahrung des Autors aus einer Vorverwendung mit. Für die Übung NATIONAL GUARDIAN 2024 standen ausreichend Reservisten zur Verfügung, obwohl natürlich auch hier einige Reservisten wegen Terminkollisionen im Vorfeld absagen mussten. Die Heranziehung von Reservisten zu einer Reservedienstleistung ist immer noch nicht verbindlich. Die Auftragserfüllung hängt somit wesentlich davon ab, dass sich alle Reservisten nicht nur der Bundeswehr verpflichtet fühlen, sondern auch, dass alle erforderlichen Maßnahmen geschaffen werden, die Reserve gut in der Gesellschaft zu integrieren, und die Gesellschaft wiederum anerkennt, dass Verteidigung eine gesamtgesellschaftliche Aufgabe ist. Aber selbst dann müssen die Arbeitgeber ihre Mitarbeiter für den Reservistendienst zur Verfügung stellen, weil es derzeit keine gesetzliche Regelung zur Pflichtfreigabe gibt. Der Autor vertritt die Auffassung, dass mit einem Anstieg des Bewusstseins der Deutschen für die Notwendigkeit von Verteidigungsbereitschaft und Wehrhaftigkeit und der Einsicht in die Notwendigkeit einer resilienten Gesellschaft auch die personelle Aufwuchsfähigkeit verbessert wird. Als Beispiel sei angeführt, dass der Autor in Mecklenburg-Vorpommern jeden Arbeitgeber von seinen im Regiment beorderten Reservisten angeschrieben und „abtelefoniert", diese zu Veranstaltungen eingeladen und im persönlichen Kontakt von der Notwendigkeit der Teilnahme seines Mitarbeiters an einer Reservistendienstleistung überzeugt hat. Durch diese Herangehensweise konnte die Bereitschaft zur Abstellung und die damit einhergehende Verfügbarkeit von Reservisten signifikant gesteigert werden. Wenn die Gesellschaft und jeder einzelne Bundesbürger die Stärkung unserer Resilienz als notwendig erachten, wird sich auch die persönliche Bereitschaft zur Verteidigung und zur Inkaufnahme von Belastungen erhöhen.

Betrachten Sie diesen Absatz als „Werbeblock in eigener Sache": für die Reserve und auch als Fingerzeig für Ihre persönliche Resilienz.

Die Arbeitgeber waren sehr daran interessiert zu hören, was ihre Arbeitnehmer/Mitarbeiter „denn so die ganze Zeit machten". Wir stellten daraufhin den zweiwöchigen Ausbildungszeitraum vor, der neben der fachlichen Ausbildung als „Schützer der Heimat", übrigens auch als „Schützer der Heimat der Arbeitgeber", allgemein verwertbare Ausbildungsstoffe beinhaltete. Heimatschützer werden an höhere körperliche Leistungen herangeführt, integrieren sich über zwei Wochen – ohne Unterbrechung! – in eine militärische Gemeinschaft und ordnen sich dem Auftrag unter, erleben Kameradschaft, aber auch Entbehrungen; sie schießen, marschieren und vertiefen ihre Kenntnisse in der sanitätsdienstlichen und ABC-Ausbildung. Als Sicherungs-soldaten sind sie unverzichtbarer und für jedermann sichtbarer Bestandteil der Verteidigungs- und Abschreckungsfähigkeit Deutschlands.

Ausbildungsinhalte von Sicherungssoldaten. Für die Resilienz im Sinne der soldatischen Wehrhaftigkeit bleibt festzuhalten:

> ➤ Wir sind körperlich fit und robust.
> ➤ Wir sind sanitätsdienstlich gut geschult.
> ➤ Wir leisten Selbst- und Kameradenhilfe.
> ➤ Wir können uns bei Tag und Nacht orientieren.
> ➤ Wir können uns taktisch richtig verhalten, bei Tag und Nacht.
> ➤ Wir können Bereiche sichern und schützen, Personen kontrollieren.
> ➤ Wir können Schutzbereiche aufbauen.
> ➤ Wir können Bereiche sperren und härten.
> ➤ Wir können uns einordnen.
> ➤ Wir können führen.

Nicht nur in den Medien, sondern auch bei Veranstaltungen wie beispielsweise „Schwerin in Grün" (eine Öffentlichkeitswoche der Bundeswehr in Schwerin in einer zentral gelegenen Einkaufsgalerie bei laufendem Betrieb) und dem „Mecklenburg-Vorpommern-Tag" haben wir über unser Heimatschutzregiment informiert, uns Fragen der Bevölkerung gestellt, unterschiedliche politische Positionen diskutiert, überzeugt, erklärt, vorgeführt und beraten. Dadurch, dass wir uns

114

nicht versteckt haben, dadurch, dass wir mit Befürwortern und Gegnern sichtbar im Gespräch waren, sind wir authentisch „rübergekommen". Wenn wir auch nicht alle, die unsere Positionen teilten, für unser Heimatschutzregiment haben werben können, so hinterließen die Begegnungen der Menschen mit unseren Soldatinnen und Soldaten ein Gefühl von Sicherheit sowie eine Einsicht in die Notwendigkeit, die Resilienz unserer Gesellschaft zu stärken.

Grundlagen für eine leistungsfähige Bundeswehr

Kommen wir nun zum für unser Thema besonders relevanten Kernkapitel der VPR. In der Zusammenschau des Autors steht wieder die Wendung „Resilienz beinhaltet ...", obgleich es richtigerweise „kriegstüchtig, kriegstauglich, wehrhaft, einsatzbereit, etc. bedeuten..." heißen müsste.

Wehrhaftigkeit im Sinne von Resilienz beinhaltet:

- die Defizite der Vergangenheit einer intensiven Analyse zu unterziehen, keine „Auftragsantworten" zu geben und alle notwendigen Ressourcen (einschließlich Personal) zur Verfügung gestellt zu bekommen.

- nicht nur die gesellschaftlichen Erwartungen an eine wehrhafte Demokratie, sondern auch die militärischen Erwartungen an eine wehrhafte Gesellschaft zu erfüllen. Das beinhaltet nicht nur ein gemeinsames Selbstverständnis von Wehrhaftigkeit, sondern auch eine gemeinsame innere Haltung zur Verteidigungsbereitschaft der Bundeswehr „mit langfristiger Strahlkraft in alle verteidigungsrelevanten Bereiche und in die deutsche Gesellschaft".

- den ausgeprägten Willen aller Soldatinnen und

Soldaten, unter bewusster Inkaufnahme der Gefahr für Leib und Leben das Recht und die Freiheit des deutschen Volkes tapfer zu verteidigen.

- auf die eigenen Fähigkeiten zu vertrauen, aktiv Verantwortung zu übernehmen und sich mutig und entschlossen einzusetzen.

- mit Auftrag zu führen – also z.B. nur das Ziel vorgegeben zu bekommen und den Weg selbstständig wählen zu dürfen –, Aufgabe, Kompetenz und Verantwortung an einer Stelle zu bündeln, ergebnis- und auftragsorientiert zu handeln, eine Fehlerkultur zu entwickeln, etc.

- das „überschaubare" (Scholz) Personaldefizit innerhalb von nunmehr vier Jahren (Breuer) zu beseitigen und die erforderlichen Zielumfänge zu erreichen.

- bewegliche wie resiliente Strukturen von Streitkräften, die schnell aufwuchsfähig sind und die Verantwortungsübernahme und Entscheidungsfreude statt Verantwortungsdiffusion auf jeder verantwortlichen Ebene fördern.

- die Strukturen flexibel am Auftrag auszuplanen und bedarfsgerecht alle Manöverelemente aufeinander abzustimmen und anzupassen, sowohl für Streitkräfte als auch für die Verwaltung.

- die flexible und hinreichende Ausplanung und Bereithaltung von Kapazitäten für u.a. Unterbringung, Lagerung, Instandsetzung und -haltung, Ausbildung und Übung.

- ehrliche Vertragsgestaltung und gegenseitige Vertragstreue.

- eine am Auftrag ausgerichtete Finanzierung der Streitkräfte zum Schutze der Bürger anstelle einer am Wohlbefinden ausgerichteten Finanzierung zum

„gewogenen Kreuzgang" der „Stimmbürger" (Begriff der Schweiz).

- nicht das Erreichen der „gesamtgesellschaftlichen Nachhaltigkeitsziele" zu Lasten der Einsatzbereitschaft der Verteidigungskräfte.

- einen Verzicht auf „Redundanzen per se" und dringende Einleitung einer Überprüfung der „De-Monstranz" der Effizienz.

- das Einstellen auf veränderte klimatische Rahmenbedingungen in der Verteidigung. Hierzu kann die „Nutzung alternativer Antriebssysteme" ebenso gezählt werden wie der bewusste „Verzicht alternativer Antriebssysteme" bei veränderten klimatischen Rahmenbedingungen.

- „Handlungsfreude, Übernahme von Verantwortung, Entschlusskraft, Lernkultur und Fehlertoleranz".

Diese Punktation macht deutlich, dass die VPR nicht vor Selbstkritik halt machen. Die angesprochenen Themen sollen den Soldaten signalisieren, dass die Probleme in der Leitung des Ministeriums „angekommen" sind. Für interessierte Leser ohne Bundeswehrexpertise ist es allerdings schwer, diese Aussagen in den Kontext einzuordnen.

Den VPR ist keine Zusammenfassung vorangestellt. Man blättert die letzte Seite um und findet dort nur noch das Impressum. Das dürfte für den Leser enttäuschend sein. Der Autor jedenfalls erwartete eine Zusammenfassung oder eine Graphik, die veranschaulicht, wie die aufgeführten Punkte auf der Zeitachse umgesetzt werden. Die VPR enden mit „Die interne Anpassung der Beschaffung erfordert entschlossene und nachhaltige Veränderungen…". Dabei treffen entschlossene und nachhaltige Veränderungen doch für alle der aufgelisteten Defizite und Handlungsfelder zu. Alle Vorgesetzten sollten zudem den Auftrag erhalten, die VPR in ihrem Standort mit den Bürgern zu besprechen. Einen vergleichbaren Auftrag gab es bereits vor annähernd zehn Jahren bei der Veröffentlichung des „Weißbuch 2016".

Die VPR, die ja unter dem Eindruck des russischen Angriffskrieges geschrieben wurden, wären jedenfalls ein guter Anlass, in der Gesellschaft deutlich das Bewusstsein dafür zu schärfen, dass es ohne eine große nationale Kraftanstrengung, dass es ohne ihr persönliches Zutun, ohne die Wehrbereitschaft der Bewohner oder ohne Wehrpflicht des – wie die Schweizer ihre Staatsbürger nennen – „Stimmbürgers" unseres Landes keine Verteidigungsfähigkeit als Grundlage für eine glaubwürdige Abschreckung geben wird. Ohne diese Bereitschaft läuft in der durch den Generalinspekteur benannten Zukunft ab 2029 „kein Schalke 04 im Stadion mehr auf, selbst mit Gazprom-Werbung nicht". Verteidigung tangiert nicht die Frage der Wehrpflicht – und nicht die Frage nach einem verpflichtenden Gesellschaftsjahr mit Wahlmöglichkeit zwischen Bundeswehr und z.B. Denkmalpflege –, sondern stellt sie in den „zentralen" Mittelpunkt aller weiteren Betrachtungen. Hier bedarf es einer strategischen Zielvorgabe für das Personalmanagement der Bundeswehr: Rekrutierung des Personals – Aktive und Reservisten – bis 2029 einschließlich Zwischenziele. Es reicht nicht zu formulieren: „Personalmanagement ist eine Aufgabe für alle".

Ein wenig liest sich der letzte Teil der VPR wie eine Erwiderung auf die Kapitel 3 bis 9 des Berichts der

Wehrbeauftragten 2024. Leser dieser jährlichen Berichte kennen sich mit der Materie gut aus. Eine Empfehlung an alle „neuen" Abgeordneten des Deutschen Bundestages wäre, diesen für die Parlamentarier verfassten Bericht unmittelbar nach Erscheinen von vorne bis hinten zu lesen und sich zu fragen, was dieser Bericht für ihre politische Arbeit bedeutet.

Inhaltlich geben die VPR für den Fachmann, der sich täglich mit dieser Materie beschäftigt, nichts Neues her. Zumindest geben sie wertvolle Orientierung für die Arbeit der Soldaten und bilden eine wichtige Grundlage für die Informationsarbeit der Jugendoffiziere, wenn sie denn in Schulen oder zu anderen Einrichtungen eingeladen werden. Für die interessierte Öffentlichkeit sind die Aufgaben, die wir gemeinsam anpacken müssen, in einem nur 32-seitigen Dokument nachvollziehbar zusammengefasst. Die Menschen unseres Landes müssen die VPR aber lesen wollen.

Abschließend ist es wohltuend zu lesen, dass der zivile Teil der Bundeswehr, die Bundeswehrverwaltung „… diesem Ziel gleichermaßen verpflichtet" ist. Welchem Ziel? Dem Ziel, „das Recht und die Freiheit des deutschen Volkes in aller Konsequenz tapfer und erfolgreich verteidigen" zu wollen.

Erkenntnisse

Zu welchem weiteren Erkenntnisgewinn in Bezug auf Resilienz in der Gesamtverteidigung gelangt der Leser nach der Lektüre der Verteidigungspolitischen Richtlinien? Die Aussagen der VPR sind ausschließlich nach innen gerichtet, sie erfordern militärisches Handeln innerhalb der Bundeswehr. Die Bundesländer und die Bürger werden darüber informiert, in welche Richtung

die Kriegstüchtigkeit im Sinne von „Resilienzaufbau"
gehen soll. Dennoch sind diese Aussagen zugleich ein
deutlicher Hinweis an die Bürger, wofür die Bundeswehr aufgestellt ist und welchen Anspruch sie an sich
selbst bei der Auftragserfüllung stellt. Zugleich drücken
die Aussagen eine Erwartungshaltung an die Gesellschaft im Allgemeinen und die Bürger im Besonderen
aus, sich als wehrhafte Gesellschaft aufzustellen und ihren Beitrag zur Gesamtverteidigung zu leisten. Für die
Bürger bleiben neben der bloßen Kenntnisnahme die
selbstkritische Betrachtung und innere Überprüfung ihrer eigenen Bereitschaft und Fähigkeit zur Abwehr von
Gefahren für unseren Staat und unsere Gesellschaft.

Aus den Verteidigungspolitischen Richtlinien bleibt für
die Resilienz festzuhalten:

> ➢ Wir müssen alle ein gemeinsames Selbstver-
> ständnis von Wehrhaftigkeit und Verteidi-
> gungsbereitschaft entwickeln.

Wenden wir uns nun der Konzeption Zivile Verteidigung zu.

Die „Konzeption Zivile Verteidigung"

Die Konzeption Zivile Verteidigung (KZV) ist am 24.08.2016, gut einen Monat nach dem Weißbuch 2016, veröffentlicht worden. Die Homepage des Bundesministeriums des Innern und für Heimat hält noch im April 2025 die folgenden ergänzenden Informationen bereit: „Weiterentwicklung der Zivilen Verteidigung. Mit der Umsetzung der KZV wurde begonnen. Dem Wunsch der Länder folgend wurde ein Bund-Länder-Steuerungsgremium zur KZV eingerichtet. Dort soll unter Vorsitz des Bundes und Co-Vorsitz von NRW eine für Bund und Länder leistbare Arbeitsplanung bei der Umsetzung der KZV sichergestellt werden." Der Leser merkt es bereits: der Vorsitz liegt im Bereich des Innenministeriums.

Die Arbeiten zur Weiterentwicklung der Zivilen Verteidigung mit den sich daraus ergebenden Veränderungen für Behörden und Organisationen sollen erst am Anfang stehen. Man kann nur hoffen, dass diese Aussage einer nachlässigen Pflege des Internetauftritts geschuldet ist. Der angestoßene Prozess sei aus Sicht des BMI notwendig, um den Bevölkerungsschutz für die zukünftigen Herausforderungen, die mittlerweile für jeden offensichtlich im täglichen Leben angekommen sind, aufzustellen. Eine bedarfsgerechte gemeinsame Planung von Bund und Ländern wäre dafür die Basis. Zudem müsse das Vorhandene zielgerichtet ergänzt und weiterentwickelt werden. Weiter ist zu lesen, dass die Umsetzung der KZV eine gemeinsame Aufgabe mit einem hohen Stellenwert ist. „Sie ist für den Schutz der Bevölkerung insgesamt von wesentlicher Bedeutung."

Drei Jahre nach Beginn des Angriffskrieges Russlands, zwei Jahre nach der Veröffentlichung der Nationalen Sicherheitsstrategie und zwei Jahre nach den VPR wird die neun Jahre alte KZV weiterentwickelt, wurde mit der Umsetzung der KZV endlich begonnen. „Vorsorglich" wurde schon einmal ein Bund-Länder-Steuergremium eingerichtet, das eine leistbare Arbeitsplanung sicherstellen soll. Die Veränderungen stünden erst am Anfang, was auf eine längere Dauer der Gremienarbeit hindeutet. Konfuzius' Mahnung, in der Ruhe liege die Kraft, wäre nun der richtige Spruch zur falschen Zeit. Ganz im Gegenteil: Tempo wäre nötig und lieber eine 80-Prozent-Lösung als das Streben nach dem perfekten Plan.

Damit haben sich auch bzgl. der KZV die Fragen geklärt, ob die Nationale Sicherheitsstrategie darin Berücksichtigung gefunden hat bzw. ob das Dokument kurzfristig angepasst wurde. Ein kurzer Hinweis auf die Nationale Sicherheitsstrategie wäre auf der Website zur KZV hilfreich gewesen, zumal das BMI an anderer Stelle über die Sicherheitsstrategie informiert.

Genauso nachdenklich dürfte den Leser die Zielsetzung dieser Konzeption stimmen: Die KZV „bildet den zivilen Gegenpart zur ‚Konzeption der Bundeswehr' (KdB). Beide Dokumente gemeinsam sollen als Grundlage für eine Novelle der ‚Rahmenrichtlinie für die Gesamtverteidigung (RRGV)' dienen." Den Verantwortlichen müsste eigentlich bekannt sein, dass die KdB durch die Verteidigungspolitischen Richtlinien in 2023 ersetzt wurde, also das benannte „Gegenstück" bereits außer Kraft gesetzt ist, die Rahmenrichtlinien für die Gesamtverteidigung mittlerweile in 2024 erlassen wurden und somit die „zweite Seite" der Medaille hinterherlahmt. Dazu gibt es aber keinen Hinweis seitens des BMI. Wie bei der Resilienzstrategie scheint Geschwindigkeit nicht zu seiner „Kernkompetenz" zu gehören.

Die KZV von 2016 enthält eine inhaltlich gute und prägnante Zusammenfassung, die dem Leser einen schnellen und relativ tiefen Überblick verschafft. Da momentan kein „neueres" Dokument, keine „KZV 2.0", auf dem Markt ist, kommt hier ein inhaltlicher Überblick des letzten veröffentlichten Sachstands aus 2016.

Inhalt der KZV

In einem ersten Teil werden in vier Kapiteln „Anlass und Zielsetzung", „Gegenstand", „Rahmenbedingungen" und „Gemeinsame Prinzipien" dargelegt.

Der zweite Teil bildet im Sinne von Resilienz und Gesamtverteidigung das Kernstück. Der Begriff Resilienz wird an sechs Stellen genutzt. Es geht grundsätzlich um konkrete Inhalte, die in der Verantwortung eines jeden Einzelnen, also auch der Verantwortung des Lesers, und darüber hinaus bei den Ländern und beim Bund liegen. Sie tragen zur „Aufrechterhaltung der Staats- und Regierungsfunktionen", „Zivilschutz", „Versorgung" und „Unterstützung der Streitkräfte" bei. Der Autor hebt, verehrte Leser, Ihre Verantwortung deshalb hervor, um auch an dieser Stelle deutlich zu machen, dass es ohne Sie keine Zivile Verteidigung geben wird. Sie sind der „Verteidiger" und „Verteidigte" in einer Person. Diese Verteidigung ist zu ordnen, ihr sind Verantwortungsbereiche zuzuordnen, damit nicht alle alles oder schlimmstenfalls alle nichts machen. Verantwortlichkeiten und das Wissen um diese Verantwortung geben Halt und Sicherheit, lassen eine Belastung nicht zur Überlastung werden, trennen Aktion von Aktionismus.

Das Dokument schließt mit einem Überblick über die Weiterentwicklung und mit einer Zusammenfassung ab.

Beide Teile werden hier entsprechend ihrer Bedeutung für die Resilienz in der Gesamtverteidigung behandelt. Die Ausführungen zu den Bereichen „Zivilschutz", „Versorgung" und „Unterstützung Streitkräfte" lassen fast schon „Durchführungscharakter" erkennen und stellen in vorzüglicher Art und Weise die Grundlagen für eine Umsetzung der Maßnahmen in der Fläche dar. Hierauf liegt auch der Schwerpunkt nachfolgender Ausführungen.

Anlass, Gegenstand, Rahmenbedingungen und Prinzipien

Die KZV ist das konzeptionelle Basisdokument des Bundes im Bereich Zivile Verteidigung und ziviler Notfallvorsorge. Es ist neben den VPR die andere Seite der Medaille „Gesamtverteidigung". In bestimmten Bereichen der „Daseinsvorsorge", also der staatlichen Aufgabe zur Bereitstellung der für ein menschliches Dasein als notwendig erachteten Güter und Dienstleistungen, hat der Bund Gesetzgebungskompetenz (Energiewirtschaft, Sicherung der Ernährung, Verkehrsleistungen und Postwesen/Telekommunikation). Der Krisenalarmplan der Bundeswehr (KAPlBw) und die Richtlinie für die Zivile Alarmplanung (ZAPRL) werden aufeinander abgestimmt. Dieses ist genauso hervorzuheben wie die Festlegung, dass die Planungen zur Zivilen Verteidigung auf der dem BMVg obliegenden Einschätzung der militärischen Bedrohung erfolgen.

Eine Sonderrolle zwischen militärischer und ziviler Verteidigung nehmen sogenannte hybride Bedrohungen ein. Sie zeichnen sich „durch gezielte Verwischung der Grenze zwischen Krieg und Frieden aus", verbleiben jedoch bis zur Feststellung des Spannungs- oder Bündnisfalles in der Zuständigkeit für die Gefahrenabwehr und Lagebewältigung bei den Ländern. Der Autor nutzt wieder die Wendung „Resilienz beinhaltet:

- die Stärkung der Eigenverantwortung und Selbstschutzfähigkeit der gesamten Bevölkerung unter Abstützung auf das rückgängige Ehrenamt. Ein offener gesellschaftlicher Diskurs ist Voraussetzung für einen „Grundkonsens über Umfang und Grenzen der staatlich zu treffenden Vorsorge- und Vorbereitungsmaßnahmen";
- Doppelstrukturen zu vermeiden und Redundanzen vorzuhalten.

Staats- und Regierungsfunktionen, Zivilschutz, Versorgung und Unterstützung der Streitkräfte

Die für dieses Thema wichtigen Punkte sind nachfolgend aufgelistet. Resilienz beinhaltet:

- die staatlichen Organe, die Funktionen in der Gesamtverteidigung wahrnehmen, gesichert funktional und funktionsfähig unterzubringen;
- die Fähigkeit der Bevölkerung, sich solange selbst zu schützen, bis staatlich organisierte Hilfe eintrifft;
- sich eine „Grund-Ausbildung" für den Zivilschutz anzueignen, Kenntnisse und Fähigkeiten im Selbstschutz zu erwerben und über entsprechende Verhaltensmuster bei Warnung zu verfügen;
- die Härtung der Bausubstanz von Wohn- und

Arbeitsgebäuden, die vorbereitete und effektive Bekämpfung von Schadenfeuern sowie Unterbringung und professionelle Betreuung von Schadensopfern;

- die Sicherstellung des Sanitätsdienstes, der Krankenhausalarmplanung und Sanitätsmaterialversorgung;
- die Grundkenntnisse/-fertigkeiten in der Bergung, Rettung, Notversorgung und Notinstandsetzung flächendeckend vor Ort zu haben, ohne auf das Technische Hilfswerk (THW) zurückgreifen zu müssen;
- die Sicherstellung lebenswichtiger Grundbedürfnisse der Bevölkerung wie z.B. Trinkwasser, Ernährung und medizinische Versorgung, aber auch z.B. Bargeldversorgung, Abfallentsorgung, Abwasserbeseitigung, Energie und Mobilität.

Die CRBN[23]-Vorkehrungen werden zielgerichtet und effektiv durch die Länder getroffen. Der CRBN-Schutz ist derart komplex, dass eine detailliertere Beschreibung diese Ausführungen sprengen würde. Gleiches gilt für den Objekt- und Kulturgutschutz.

Die Unterstützung der Streitkräfte ist eine Mammutaufgabe und umfasst: Sanitätsdienst, Energieversorgung, Ernährung, Transport, Post, aber auch personelle Unterstützung. Jede Unterstützungsleistung bedarf natürlich einer Ausplanung des Abrufs. Grundlage hierfür ist der Krisenalarmplan der Bundeswehr. Da dieser Plan grundsätzlich als Verschlusssache eingestuft und der Öffentlichkeit nicht zugängig ist, wird dieses komplexe Thema hier nicht behandelt. Am Ende des Buches wird allerdings im Rahmen der Vorstellung des Operationsplans Deutschland noch einmal Bezug genommen auf

---

[23] CRBN = chemisch, radioaktiv, biologisch, nuklear

die Unterstützung der Streitkräfte.

Ein Dokument sollte grundsätzlich aus sich selbst heraus verständlich sein. Es müssen nicht alle Anlagen an das Dokument angehängt sein, aber es wäre zielführend, an entsprechender Stelle im Fließtext diese auszugsweise zu zitieren oder zumindest auf sie hinzuweisen. Dieses Verfahren würde die Handhabbarkeit des Papiers und die Aneignung des Stoffes deutlich vereinfachen. Am Schluss folgen noch Einschränkungen hinsichtlich der momentanen Verbindlichkeit. Hierzu sagt die „unverbindliche" KZV: „Die Vorgaben dieser Konzeption erhalten Verbindlichkeit, indem die hierfür erforderlichen Rechtsgrundlagen geschaffen sowie die vorhandenen Rechtsgrundlagen – soweit erforderlich – entsprechend angepasst werden."

Die nachfolgende Auflistung von Gesetzen, Grundlagen etc. soll verdeutlichen, was dem Leser zugemutet wird, um die KZV einerseits zu verstehen und andererseits zu überprüfen, welche Konkretisierungen zwischenzeitlich erfolgt sind. Spätestens in diesem Moment legt der Leser das Papier zur Seite, denn es hat „null" Bedeutung für ihn.

Das Herstellen einer Verbindlichkeit könnte also noch dauern.

Verbindlichkeit durch Schaffung erforderlicher oder Anpassung vorhandener Rechtsgrundlagen. Ich wünsche Ihnen eine interessante Lektüre!

Gesetz über den Zivilschutz und die Katastrophenhilfe des Bundes, Gesetz über die Errichtung des Bundesamtes für Bevölkerungsschutz und Katastrophenhilfe, Gesetz über das Technische Hilfswerk, Sicherstellungs-, Vorsorge- und Leistungsgesetze sowie Umsetzungsvorschriften, Rahmenrichtlinien für die Gesamtverteidigung, Ziviler Alarmplan, Richtlinien für das zivile Melde- und Lagewesen in einer Krise und im Verteidigungsfall, Objekterfassungs- und Objektschutzrichtlinie.

Konkretisierungen von: Katalog „Referenzszenarien Bund", Konzept zur Aufrechterhaltung der Staats- und Regierungsfunktionen im Spannungs- und Verteidigungsfall, Konzept des Bundes über die ergänzende Ausstattung für den Zivilschutz, Rahmenkonzept Selbstschutz, Rahmenkonzept baulicher Bevölkerungsschutz, Rahmenkonzept Brandschutz im Zivilschutz, Rahmenkonzept Evakuierung, Rahmenkonzept Betreuung, Rahmenkonzept psychosoziales Krisenmanagement, Rahmenkonzept Massenanfall von Verletzten, Handbuch zur Krankenhausalarm- und Krankenhauseinsatzplanung, Rahmenkonzeption für den CBRN-Schutz im Bevölkerungsschutz, Rahmenkonzept Massenanfall von Verletzten und Erkrankten in CBRN-Lagen, Rahmenkonzept Technisches Hilfswerk, Stärke- und Ausstattungsnachweisung THW, Rahmenkonzept Kulturgutschutz, Nationale Strategie Schutz Kritischer Infrastrukturen, Rahmenkonzept Risiko- und Krisenmanagement Betreiber Kritischer Infrastrukturen, Gesamtkonzept Notstrom und Ausbildung, Notfallplan Gas, Rahmenkonzept Trinkwassernotversorgung.

Als weitere Folgearbeiten sind vorgegeben: Entwicklung bereichsspezifischer Planungsgrundlagen aus dem Katalog „Referenzszenarien Bund", Einrichtung einer standardisierten Abfrage zu Landes- und Kommunalfähigkeiten sowie zivilschutzrelevanten Gefahrenpotenzialen, Prüfung der Erforderlichkeit von persönlicher CBRN-Schutzausrüstung (PSA) für die Bevölkerung, Prüfung der Erforderlichkeit von CBRN-Sammelschutz.

Die Befassung mit dem gesamtheitlichen Produkt nimmt jedem ambitionierten Interessierten den Elan und vielleicht auch Mut. Vielleicht hätte die KZV es sich und den Lesern einfacher machen können und nur die verbindlichen Inhalte in den Haupttext aufnehmen und den „Rest" im Teil „Weiterentwicklung und weiteres Vorgehen" darstellen sollen.

Aus der KZV ließe sich so viel machen. Sie muss unbedingt in die Öffentlichkeit transportiert und am Beispiel von Protagonisten mit Leben gefüllt werden. Das reicht vom Polizisten bis zum ehrenamtlichen Mitarbeiter in der Bahnhofsmission. Die KZV bildet neben den VPR (konzeptionell) die zweite Seite der Medaille Gesamtverteidigung.

Die Maßnahmen, die eine hohe Bedeutung für die Resilienz des Staates sowie von Gesellschaft und Wirtschaft haben, also einen direkten Einfluss auf die Resilienz der Bevölkerung im Sinne der Summe aller einzelnen Bewohner, gehören heruntergebrochen auf den Menschen. Oder auf den resilienten Wohnort, sei es ein Dorf, eine Kleinstadt oder eine Großstadt. Hierbei ist der Begriff der Eigenverantwortung und Selbstschutzfähigkeit schon gefallen.

Diese Eigenverantwortung und auch Selbstschutzfähigkeit ist die Basis für das Überleben eines jeden Einzelnen und letztlich der Gesellschaft. Wenn diese Eigenverantwortung nicht wahrgenommen wird, wie z.B. die Verantwortung einer Mutter für ihr Kind, dann wird auch letztendlich die Gesamtverteidigung, einschließlich der militärischen Verteidigung unseres Landes, nicht funktionieren können. Die Menschen im Land müssen „sich bewegen". Die Politik muss den Menschen „etwas zumuten". Der Autor ist der festen Überzeugung, dass die Kräfte aus Bundeswehr, Bundes- und Landespolizeien sowie Helferinnen und Helfer im Technischen Hilfswerk (THW), in Freiwilligen Feuerwehren, in ehrenamtlichen Einheiten der unteren Katastrophenschutzbehörden, von Arbeiter-Samariter-Bund (ASB), Deutscher Lebens-Rettungs-Gesellschaft (DLRG), Deutschem Roten Kreuz (DRK), Johanniter-Unfall-Hilfe (JUH) und Malteser Hilfsdienst (MHD), von Tafeln, Essen auf Rädern und Bahnhofsmissionen, von Kitas und Horten und vielen mehr bei weitem nicht ausreichen werden, um die bereits bestehende mangelnde oder fehlende Eigenverantwortung auszugleichen. „Die Zuschauertribüne ist zu stark besetzt!“

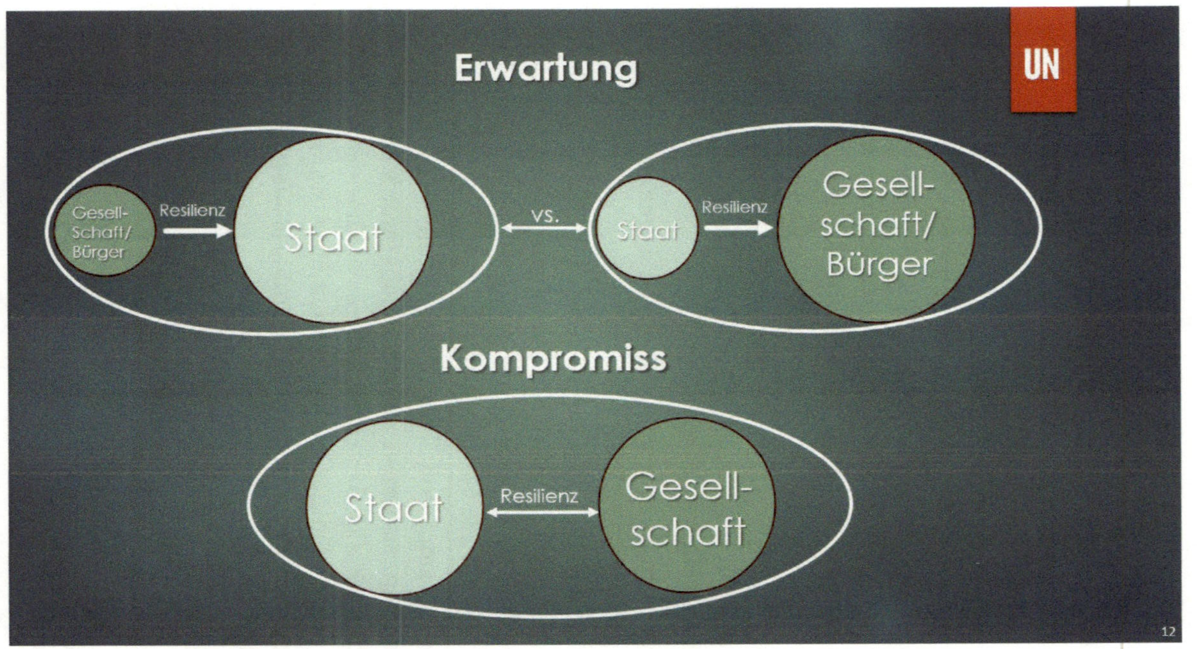

Abbildung 3: Die Erwartungshaltung

131

Sie werden zu Recht dem Autor die Frage stellen, warum so viele Menschen auf der Zuschauertribüne sitzen. Er weiß es schlicht und einfach nicht. Seine Beobachtungen gehen jedoch dahin, dass sich die Menschen zusehends ausschließlich als reine Individuen begreifen, deren „Zweitverwendung" als Mitglied einer Gesellschaft beschrieben werden könnte. In „meinem Hause" bin ich der Mittelpunkt und außerhalb meines Hauses hat der Staat, die Gesellschaft, der Arbeitgeber, etc. mich in seinen Mittelpunkt zu stellen. Das klingt schizophren, wenn sich der Einzelne vor Augen hält, das er für den „anderen" auch nur „Staat, Gesellschaft, Arbeitgeber, etc." sein kann.

Soviel Staat wie möglich, soviel Eigenverantwortung wie nötig. Der Autor hat das Gefühl, die einzelnen „Individuen" streben nach einer „Vollkasko-Versicherung" für ihr Leben, das mit einem „All inclusive-Anspruch" gepaart werden soll. Alles für mich, was übrig bleibt, für die Gesellschaft.

Einige junge und ältere Menschen müssten mir einmal erklären, warum sie nicht das Haus ihrer Kinder, Eltern oder Großeltern anschmieren, warum sie nicht den Vorgarten ihrer Geschwister zumüllen, warum sie nicht bei ihrer Tante einbrechen, warum sie älteren und alten Menschen, die sie erzogen, aufgezogen, ernährt, etc. haben, nicht einmal mehr Respekt entgegen bringen können, warum sie sich nicht mehr ihren Lebensunterhalt verdienen und es von denen bezahlt bekommen wollen, die sie gerade verachten. Warum sie nicht denen helfen, die ihnen geholfen haben, als sie noch unbeholfen waren.

Auch hier benötigen wir eine Zeitenwende, damit die,

die verachten, nicht in ein Alter kommen, wo sie von ihrer Nachfolgegeneration verachtet werden. Hier wird es ansonsten kein „Ende der Geschichte" geben.

Erkenntnisse

Zu welchem weiteren Erkenntnisgewinn in Bezug auf Resilienz in der Gesamtverteidigung führt die Lektüre der Konzeption Zivile Verteidigung?

Die Aussagen der KZV sind ebenfalls nach außen gerichtet, an die Gesellschaft im Allgemeinen und den Bürger im Besonderen. Sie enthalten die Aufforderung an jeden Einzelnen, zur Stärkung von Resilienz beizutragen. Sie können schon fast als Ziele eines Ausbildungskataloges betrachtet werden. Zugleich wird darin auch die Erwartungshaltung an die Bürger formuliert, beispielsweise mit dem Ehrenamt zu einer wehrhaften Gesellschaft beizutragen. Nach Kenntnisnahme der KZV sowie selbstkritischer Betrachtung und innerer Überprüfung ihrer eigenen Bereitschaft und Fähigkeit zur Abwehr von Gefahren müssen die Bürger sich nun Wissen und Kompetenzen aneignen. Die Aussagen der KZV bilden den Kern der Resilienz unserer Gesellschaft und seiner Bürger.

Nach der Konzeption Zivile Verteidigung bleibt für die Resilienz festzuhalten:

> ➢ Wir müssen unsere Eigenverantwortung stärken.
> ➢ Wir müssen uns im Ehrenamt engagieren.
> ➢ Wir brauchen einen offenen gesellschaftlichen Diskurs.
> ➢ Wir müssen unsere Selbstschutzfähigkeit stärken.
> ➢ Wir brauchen eine Grundausbildung für den Erwerb von Kenntnissen und Fähigkeiten im Zivilschutz.
> ➢ Wir brauchen Grundkenntnisse und -fertigkeiten in Bergung, Rettung, Notversorgung und Notinstandsetzung.

Die „Rahmenrichtlinien für die Gesamtverteidigung"

„Gleichwohl dürfen uns auch die intensiven Entspannungsbemühungen und Erfolge … nicht dazu verleiten, unsere Sicherheitsbelange weniger ernst zu nehmen und die damit zusammenhängenden Aufgaben zu vernachlässigen." So ist es in den Rahmenrichtlinien für die Gesamtverteidigung (RRGV) vom 15.06.1989 zu lesen. Es obliegt „dem Staat als Daueraufgabe, Vorsorge für den Schutz der Zivilbevölkerung und des Staatsgebietes zu treffen, solange Angriffsfähigkeit und Gefährdungsmöglichkeiten durch andere nach wie vor gegeben sind." Diese Mahnung sollte uns davor bewahren, den Fehler des exzessiven Einfahrens einer Friedensdividende noch einmal zu wiederholen.

Die „Rahmenrichtlinien für die Gesamtverteidigung" hatten es am 5. Juni 2024 in die „20 Uhr-Nachrichten" des „Ersten" geschafft. Susanne Daubner informierte die Zuschauer darüber, dass „die Bundesregierung … ein neues Konzept zur Verteidigung beschlossen" hat. „Es geht um alle Krisen und Konfliktfälle, auch um Cyberbedrohungen, also Angriffe jenseits militärischer Gewalt."

Der Begriff „Rahmenrichtlinien …" wurde nicht genannt, dafür das alte Dokument von 1989 eingeblendet. Hinzu kam der Hinweis auf die Notwendigkeit der Erstellung neuer Richtlinien, weil es 1989 „schlicht" noch keine Cyberbedrohungen gab. „Cyber" sei Dank.

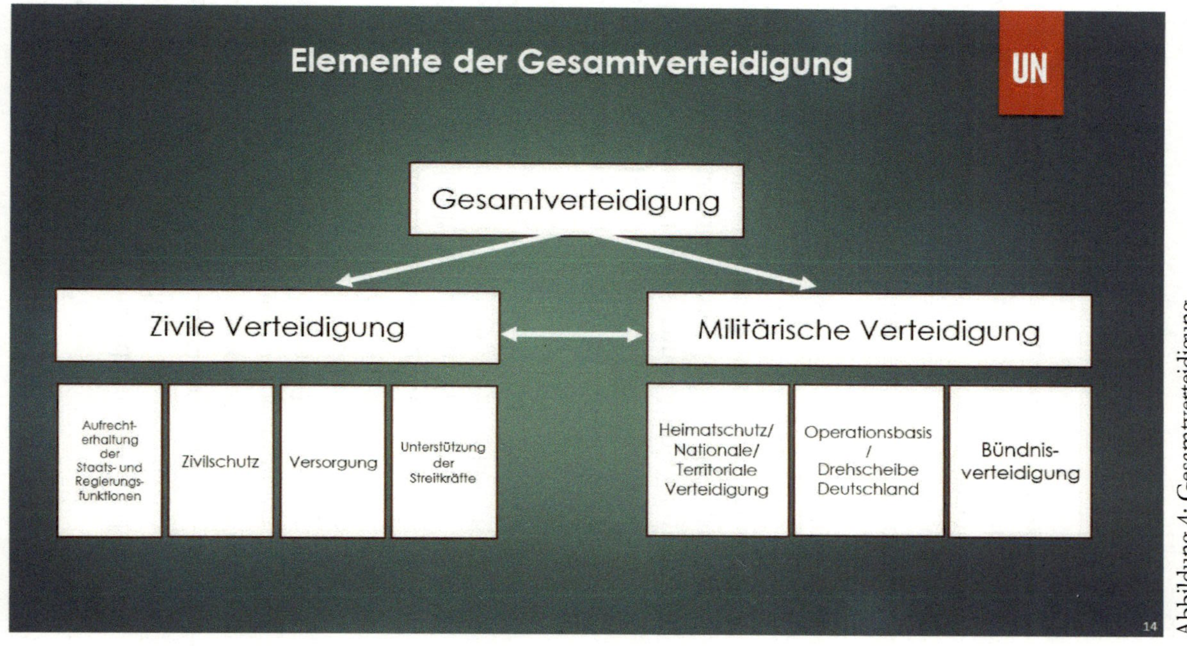

Abbildung 4: Gesamtverteidigung

Verknüpft wurde diese Meldung mit einem Bericht darüber, dass Verteidigungsminister Pistorius in den Bundestag „musste", es ging um das Thema Sicherheit. Pistorius sollte Fragen zur Einsatzfähigkeit der Bundeswehr und zur Bedrohungslage durch den Ukrainekrieg beantworten.

Auch das Thema „Wehrpflicht" spielte wieder eine Rolle. Die Abgeordnete Serap Güler (CDU) fragte Pistorius: „Können wir denn davon ausgehen, dass es eine Pflicht in ihrem Wehrpflichtmodell geben wird…". Die Antwort: „Nach meiner festen Überzeugung wird es nicht gehen ohne einen Pflichtteil…", was einen älteren Zuschauer an Günter Schabowskis „sofortige" Gültigkeit der Maueröffnung hätte erinnern können. Der Vollständigkeit halber kündigte der Bundeskanzler in derselben Tagesschau „auf der Luftfahrtmesse bei Berlin" an, 20 Eurofighter noch „in diesem Jahr" zu bestellen.

Auf der Homepage des BMI vom 5. Juni 2024 erschien eine Pressemitteilung mit der Überschrift: „Veränderte Sicherheitslage in Europa: Bundesregierung stärkt militärische und zivile Verteidigung Deutschlands". Anlass dafür war ein Beschluss des Bundeskabinetts vom 5. Juni 2024. Diese Internetseite irritiert. Das liegt nicht daran, dass die „Überarbeitung dieser Richtlinien ein wichtiger Schritt zur Stärkung der nationalen Sicherheit (ist)…, die neugefassten RRGV die notwendigen Maßnahmen und Strukturen, um die Unabhängigkeit und Souveränität Deutschlands in Krisen- und Konfliktzeiten zu sichern, (beschreiben)…, dass alle relevanten Akteure – von der Bundeswehr (was ist mit den Ländern? U.N.) über die Hilfsorganisationen bis hin zu den Zivilschutzbehörden – ihre Rollen und

Verantwortlichkeiten in Krisenzeiten (und hoffentlich auch im Krieg; U.N.) klar erfüllen können..., die RRGV von 1989 ab(gelöst werden)." Es liegt auch nicht daran, dass Innenministerin Nancy Faeser erklärt, dass „wir unser Land vor den aktuellen Bedrohungen (schützen)..., wir auf integrierte Sicherheit (setzen)..., wir auf allen Ebenen eng zusammenwirken..., die militärische und zivile Verteidigung ... eng verzahnt (haben), neue Technologien wie unsere modernen Warnsysteme ... aufgebaut und in unsere Pläne integriert (haben), wir ... neben allen Schutzmaßnahmen unserer Sicherheitsbehörden und der militärischen Abschreckung und Verteidigung daher auch den Zivilschutz weiter stärken..." müssen.

Es liegt auch nicht daran, dass Verteidigungsminister Boris Pistorius auf selbiger Homepage sagt, dass „wir derzeit eine verschärfte Bedrohungslage (erleben): Im Cyberraum, durch Drohnen über Bundeswehrliegenschaften, Desinformationskampagnen und klassische Sabotage..., es wichtig (ist), dass wir gesamtstaatlich darauf reagieren..., dass die Gesamtverteidigung Deutschlands eine Aufgabe (ist), zu der wir alle unseren Beitrag leisten müssen, staatliche und zivile Institutionen sowie jeder und jede einzelne von uns..., wir eine resiliente Gesellschaft, die mit den Herausforderungen umgehen kann, (brauchen)..., viele schon jetzt sehr wertvolle Beiträge im THW, DRK oder als Reservistinnen und Reservisten bei der Bundeswehr (leisten)...". Er fügte hinzu, dass „wir für den militärischen Beitrag zur Gesamtverteidigung Deutschlands mit Expertinnen und Experten aus allen Bereichen der Bundeswehr in einer gemeinsamen Planungsgruppe aus Bund,

Ländern und Kommunen sowie den Blaulichtorganisationen und der Wirtschaft den Operationsplan Deutschland entwickelt (haben)." Weiterhin führt er aus: „Vereinfacht ausgedrückt wird dabei festgeschrieben, wer in welchem Krisenszenario (und Kriegsszenario? U.N.) welche Aufgabe zu übernehmen hat. Diesen Plan stimmen wir derzeit auf allen relevanten politischen und gesellschaftlichen Ebenen ab. Mit der Neufassung wird ein maßgeblicher Baustein geschaffen, um die in der Nationalen Sicherheitsstrategie der Bundesregierung beschriebene nötige Widerstandskraft für einen Konfliktfall zu entwickeln. Die zivile Verteidigung wird im Rahmen der Gesamtverteidigung grundlegend gestärkt und damit unter anderem auch die zivile und logistische Unterstützung für die Streitkräfte gesichert. Damit wird eine wesentliche Voraussetzung für die weitere Umsetzung des Operationsplans Deutschland geschaffen."

Der irritierende Eindruck entsteht, dass hier zwei Minister über ein Thema sprechen, aber scheinbar nur ein Minister komplett im Bilde ist.

Es wird nicht angesprochen, dass die KZV acht Jahre alt, noch nicht angepasst und somit nach eigenen Angaben noch „nicht verbindlich" ist, dass die RRGV erst nach den VPR beschlossen wurden, obgleich die Rahmenrichtlinien die Basis für VPR und KZV sein sollten, dass es Minister Pistorius ist, der darlegt, dass mit den RRGV die Verteidigung grundlegend gestärkt wird, dass die zivile und logistische Unterstützung für die Streitkräfte gesichert wird, und der sich bei THW und DRK bedankt. Und natürlich, dass kein Wort des Bundeskanzlers zu den Richtlinien zu hören oder zu lesen war.

Literatur über die RRGV zu finden, gestaltet sich nicht einfach. Es ist nach Wissen des Autors noch kein Buch, kein Artikel, keine kritische Auseinandersetzung mit dieser Rahmenrichtlinie erfolgt, die in der Öffentlichkeit Nachhall gefunden hätte. Man sollte doch glauben, dass sich alle Experten an dieser Thematik „abarbeiten" würden, hat die RRGV doch bereits eine 35jährige Geschichte. Zur RRGV aus dem Jahr 1989 ist nichts Substanzielles im Internet zu finden. Ein Grund liegt vermutlich darin, dass außer den verantwortlichen Bearbeitern in den Ministerien auf Bundes- und Länderebene sowie in den oberen Bundes- und Landesbehörden keiner diese Richtlinien gelesen oder die Nachrichten dazu aufmerksam verfolgt hat. 1989 war das Thema Gesamtverteidigung schon fast gelaufen. Und Frau Daubner sprach in der Tagesschau von einem „Konzept zur Verteidigung".

Zweitens erfüllt die RRGV von ihrer Gliederung und auch vom ganzen Layout her alle Kriterien für ein „Abschreckungsprodukt". Der Leser findet kein Vorwort, das ihn in „Sinn und Zweck der Übung", also in diese Rahmenrichtlinie, einführt. Da hilft auch nicht der erste Satz: „In den über dreißig Jahren seit Inkrafttreten der Rahmenrichtlinie Gesamtverteidigung (RRGV) am 10. Januar 1989 hat sich das sicherheitspolitische Umfeld Deutschlands grundlegend gewandelt." Man möchte den Verfassern zurufen: Zwei Mal grundlegend geändert, zwei Mal! Aber bereits dem ersten Änderungsanlass in 1990/1995[24] ist nicht durch eine angepasste Rahmenrichtlinie Rechnung getragen worden.

Die Gliederung mit Kapiteln, Unterkapiteln und allem, was noch unter den Unterkapiteln und darunter beziffert und aufgelistet ist, erschließt sich vermutlich nur den Bearbeitern selbst. Es scheint, als hätten die Bearbeiter nicht einen einzigen Gedanken darauf verwendet, die RRGV für interessierte und sich mitverantwortlich fühlende Menschen lesbar zu machen.

Die fünf Kapitel behandeln: 1. Prinzipien der Gesamtverteidigung; 2. Allgemeine Strukturen der Gesamtverteidigung; 3. Die militärische Verteidigung als Teilbereich der Gesamtverteidigung; 4. Die zivile Verteidigung als Teilbereich der Gesamtverteidigung; 5. Zusammenwirken zwischen den Organen der militärischen und zivilen Verteidigung in Verteidigungsangelegenheiten.

Es fehlt eine Zusammenfassung, in der sich der Leser noch einmal versichern kann, dass er auch alles verstanden hat. Der allerletzte Satz in der RRGV lautet: „Militärische und zivile Organe der NATO wirken auf allen Ebenen z. B. in der Weise zusammen, dass der (militärische) Ausschuss für Logistik und der (zivile) Ausschuss für Resilienz (RC) als Spiegelausschüsse zusammenarbeiten und militärische Vertreter der Obersten Alliierten Befehlshaber an den Sitzungen des Resilienz-Ausschusses und seiner nachgeordneten Planungsgruppen (RC PG) und Fachplanungsgruppen teilneh-

---

[24] Wiedervereinigung und der vollständige Abzug der sowjetischen Truppen aus Deutschland.

men können." Man blättert die Seite um und … findet nichts mehr!

Die RRGV ist das Bindeglied zwischen der Nationalen Sicherheitsstrategie als oberstem sicherheitspolitischen Dachdokument der Bundesregierung und den hierarchisch nachgeordneten Dokumenten VPR und KZV. Die Gliederung der KZV geht noch auf die Vorgaben der RRGV von 1989 zurück. Für die Behandlung der Thematik Resilienz in der Gesamtverteidigung bringen die RRGV von 2024 keinen Mehrwert, da alles für das Thema „Interessante" bereits in der Nationalen Sicherheitsstrategie „vorgegeben" wurde oder in den nachgeordneten Dokumenten ausführlicher umgesetzt worden ist.

Die Begrifflichkeit „Resilienz" oder „resilient" ist insgesamt knapp über zehn Mal verwendet worden, ohne „Überraschungen": Resilienz und Nachhaltigkeit, Resilienz im Inneren, gesamtgesellschaftliche Resilienz, Stärkung der Resilienz und Verteidigungsfähigkeit gegen terroristische und hybride Bedrohungen, Stärkung der Resilienz und Informationsmaßnahmen, Resilienz durch Redundanz, krisenresilientes Kommunikationssystem, resiliente Energieversorgung, resiliente Nahrungs- und Wasserressourcen, resiliente zivile Kommunikation und resiliente zivile Verkehrssysteme.

Das Innenministerium listet auf derselben Website die „wesentlichen Neuerungen" auf:

- Bedrohungen aus dem Cyberraum und hybride Kriegführung werden als Herausforderung der Landes- und Bündnisverteidigung in der Neufassung der RRGV beschrieben.

- Die sicherheitspolitischen Interessen und der Leitgedanke der integrierten Sicherheit aus

142

der Nationalen Sicherheitsstrategie haben in die Neufassung ebenso Eingang gefunden wie die Verteidigungspolitischen Richtlinien 2023.

- Die Rolle Deutschlands als Bündnispartner der NATO hat sich verändert. Deutschland ist nicht mehr Frontstaat, sondern dient den verbündeten Streitkräften als Drehscheibe im Herzen Europas (Das werden die Franzosen etwas anders sehen; U.N.). Hierfür bedarf sie der umfassenden Unterstützung der zivilen Seite. Daher werden Unterstützungsmaßnahmen der zivilen Seite für die Bundeswehr im äußeren Notstand jetzt auf verbündete Streitkräfte erweitert.

- Veränderte Strukturen und Neuzuschnitte der Aufgabenwahrnehmung innerhalb der Bundeswehr sind aufgenommen.

- Für den Zivilschutz ist u.a. die klare Aufgabendefinition, der Grundsatz des Doppelnutzens für Zivil- und Katastrophenschutz sowie die Mitwirkung der Hilfsorganisationen aus dem Gesetz über den Zivilschutz und die Katastrophenhilfe (ZSKG) in die Neufassung eingeflossen.

- Technische Weiterentwicklungen wie beispielsweise moderne Warnsysteme (Modulares Warnsystem, WarnApps, Cell Broadcast) oder auch die Nutzung von Geoinformationsdiensten beim Wetterdienst sind berücksichtigt.

- Die zunehmende Privatisierung wesentlicher Versorgungsleistungen für die Gesamtverteidigung war nach dem Verzicht auf ehemals staatseigene Betriebe (z.B. Bahn, Post, Telekom) ebenfalls neu zu beschreiben. Entsprechend angepasste bzw. neue Rechtsgrundlagen wie u.a. das Telekommunikationsgesetz, das Erdölbevorratungsgesetz sowie neue Gesetze im Bereich der Notstandsgesetzgebung sowie das Ernährungssicherstellungs- und -vorsorgegesetz sind berücksichtigt.

Der Adressatenkreis dieser Rahmenrichtlinie geht wahrscheinlich nicht über die Referentenebene der Ministerien auf Bundes- und Länderebene hinaus, vielleicht findet sie noch Eingang in die akademische Lehre und Berufsausbildung. Für die Öffentlichkeit sollte aber eine andere „Aufmachung" her. Der Autor geht davon aus, dass dieses Papier kein Mensch lesen wird, wenn er dafür nicht bezahlt wird. Daher appelliert es auch nicht an die Öffentlichkeit, sich am Diskurs oder an einer Diskussion mit frohem Mut zu beteiligen. Der Autor empfiehlt, eine gesonderte Version für die Öffentlichkeit zu erstellen, vielleicht als „Graphic Novel", damit die Menschen sehen können, wie sich die VPR und KZV in die Gesamtverteidigung einpassen.

Das letzte Wort an dieser Stelle, doppelt unterstrichen, gehört noch einmal der RRGV selbst: „Eigenvorsorge und Eigenhilfe stellen den Selbstschutz der Zivilbevölkerung und den Selbstschutz in Betrieben und Behörden dar." Und: „Im staatlichen Bereich ist Resilienz (u.a. durch Redundanz) … sicherzustellen."

Eigenvorsorge und Eigenhilfe sind die Basis von Resilienz. Ohne diese Eigenschaften ist eine Resilienz der Gesellschaft zum Scheitern verurteilt. Gleiches gilt für redundante Strukturen. Redundanz widerspricht volks- und betriebswirtschaftlich der Effizienz. Aber Effizienz ist „der Tod" der Resilienz.

Erkenntnisse

Zu welchen weiteren Erkenntnissen in Bezug auf Resilienz in der Gesamtverteidigung gelangt der Leser nach der Lektüre der Rahmenrichtlinien für die Gesamtverteidigung?

Die Aussagen der RRGV sind nach außen gerichtet, an die Ressorts und die Länder. Für den Bürger kann eine Aussage herausgefiltert werden, die im Einklang mit den Aussagen zur Resilienz in der KZV steht. Der Bürger, also Sie und der Autor, ist für seine Eigenvorsorge und Eigenhilfe verantwortlich. Es gibt keine Institution, die uns von der Eigenvorsorge „befreit", auch wenn viele Menschen diese Verantwortung (für sich selbst) gerne dem Staat oder der Gesellschaft übertragen würden, also sich selbst von jedweder Verantwortung freisprechen oder sich gar davor „drücken" möchten. Der Bürger hat diese Aufforderung zur Eigenvorsorge und Eigenhilfe nicht nur zur Kenntnis zu nehmen, er hat sein Leben daran auszurichten.

> Nach den Rahmenrichtlinien für die Gesamtverteidigung bleibt für die Resilienz festzuhalten:
>
> ➢ Wir brauchen dringend Eigenvorsorge und Eigenhilfe als Selbstschutz.

Der „Operationsplan Deutschland"

„Die Kunst des Krieges lehrt uns, nicht darauf zu hoffen, daß der Feind nicht kommt, sondern darauf zu bauen, daß wir bereit sind, ihn zu empfangen; nicht auf die Möglichkeit, daß er nicht angreift, sondern auf die Tatsache, daß wir unsere Stellung uneinnehmbar gemacht haben." Soweit der chinesische Militärstratege Sun Tzu (Sunzi) vor rund 2500 Jahren. An diesen strategischen Grundsatz hat sich Deutschland seit genau dreißig Jahren, mindestens aber seit dem 5-Tage-Krieg in Georgien im Jahre 2008, nicht gehalten.

Der Operationsplan Deutschland (OPLAN DEU) ist eine Konsequenz des russischen Angriffs auf die Ukraine und zugleich ein Produkt der Verpflichtungen Deutschlands gegenüber der NATO. Er liegt in der Verantwortung des Befehlshabers Operatives Führungskommando der Bundeswehr, also auf der dem Bundesministerium der Verteidigung unmittelbar nachgeordneten, operativen Ebene. Einfach ausgedrückt besteht er aus zwei Teilen: Dem Anteil Landes- und Bündnisverteidigung (LV/BV) und dem Anteil „Operationsbasis Deutschland/Drehscheibe Deutschland". LV/BV beinhaltet den Einsatz der Bundeswehr in Deutschland oder im Bündnisgebiet, z.B. an der NATO-Ostflanke. Wenn sich Deutschland in der Landes- oder Bündnisverteidigung befindet, dann ist Deutschland im Krieg, damit wäre der Verteidigungsfall nach Artikel 115 a des Grundgesetzes ausgerufen. Operationsbasis Deutschland und Drehscheibe Logistik bedeuten, dass das Territorium der Bundesrepublik Deutschland durch alliierte oder befreundete Truppen aus EU-/NATO- und Partnerstaaten genutzt wird, um den Aufmarsch sicherzustellen, um beispielsweise die

146

Verteidigungsbereitschaft in den baltischen Staaten herzustellen.

Die Vertragsgrundlagen bilden: 1. Artikel 5 des NATO-Vertrages; 2. Artikel 2 des Vertrages über die Europäische Union oder 3. Artikel 51 der Charta der Vereinten Nationen.

Der OPLAN DEU ist ein Ausfluss des Artikel 5 des NATO-Vertrages, spiegelt die Inhalte der Nationalen Sicherheitsstrategie, der VPR, aber auch der KZV wider und nimmt Inhalte der RRGV auf.

Ende Januar 2024 fand in Berlin ein Symposium zum OPLAN DEU statt. Das Ziel der Veranstaltung war, den gesamtstaatlichen und gesamtgesellschaftlichen Auftrag zur Verteidigung in den Vordergrund zu stellen und verschiedene Expertisen zusammenzuführen. Darüber hinaus ging es um die Klärung von Verantwortlichkeiten in Krise und Krieg. Der Satz vom Befehlshaber des damals noch Territorialen Führungskommandos, Generalleutnant Bodemann, „wir befinden uns nicht im Krieg, aber wir befinden uns schon lange nicht mehr im Frieden", bestimmte die Gestaltung der Tagung.

Im OPLAN DEU galt es zu klären, wie auf Grundlage der konzeptionellen Dokumente und eingegangenen Verpflichtungen gegenüber der NATO ein Einsatzplan der Streitkräfte erstellt werden könnte, der alle Akteure der zivilen und militärischen Verteidigung, also der Gesamtverteidigung, einschließt. Er beschreibt bzw. plant den Einsatz der Bundeswehr in Deutschland in Frieden, Krise und Krieg und umfasst damit die Bandbreite vom Heimatschutz bis zur Nationalen Territorialen Verteidigung.

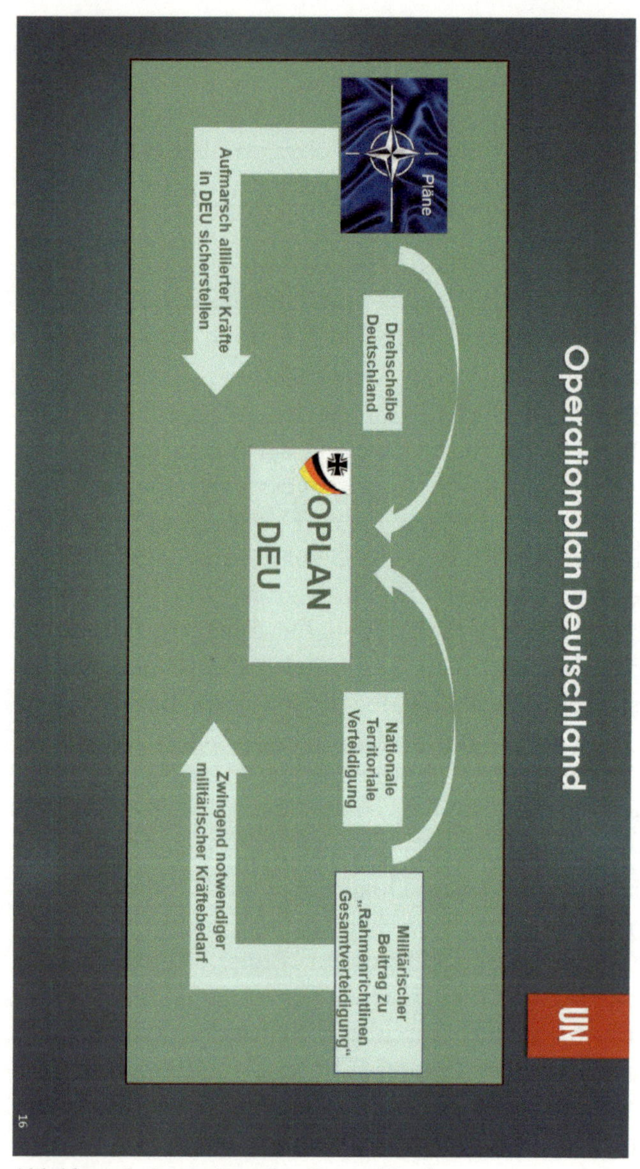

Abbildung 5: Operationsplan Deutschland

148

Ein wichtiger Aspekt ist hierbei Deutschlands Rolle als sogenannte Drehscheibe für verbündete Streitkräfte. Damit befinden wir uns zugleich im Bereich der Zivilen Verteidigung, die eine Unterstützungsaufgabe für die Streitkräfte wahrnimmt und damit auch die gesamtgesellschaftliche Einbindung betrifft. Von da ist es nur noch ein kleiner Schritt zur Bedeutung der gesellschaftlichen Resilienz als Grundlage für die Auftragserfüllung. Die Drehscheibe Deutschland umfasst die Versorgung von Alliierten, die durch Deutschland als „Transitland" in Richtung Osten deutsche Infrastruktur nutzen, einschließlich der Instandhaltung dieser Infrastruktur, der Verkehrsregelung und der Versorgung von Truppen, die beispielsweise auf Truppenübungsplätzen Rast machen, mit Verpflegung, Frischwasser und Betriebsstoff. Auch die sanitätsdienstliche Versorgung gehört dazu. Diese Unterstützungsmaßnahmen sind durch die Bundesländer sicherzustellen, sie werden nicht ohne die Leistungen von u.a. Flug- und Seehafenbetreibern, Krankenhäusern und der Blaulichtorganisationen funktionieren. Grund dafür ist die Annahme, dass die deutschen Streitkräfte bereits vorher verlegt haben und für diese Aufgaben nicht (mehr) ausreichend zur Verfügung stehen.

Zur Funktion der Drehscheibe Deutschland zählt nicht nur der koordinierte militärische Abfluss in Richtung Kriegsgebiet, sondern auch die zu erwartende, aber nicht planbare Bewegung von z.B. Menschen und Material aus dem betroffenen Kriegsgebiet, also der Zufluss nach Deutschland. Dieses muss allen politisch Verantwortlichen klar sein. Hierzu führte der Befehlshaber des Unterstützungskommandos der Bundeswehr, Generalleutnant Gerald Funke, am 25. Januar 2025 bei einem Bonner Symposium aus: „Wir reden von Flüchtlingen, wir reden von Verwundeten, wir reden von Gefallenen. Wir reden sicherlich auch von Kriegsgefangenen und wir reden vom Abschub von Material".

Dem OPLAN DEU liegen vier Bedrohungsszenarien zu Grunde, skalierbar von niedrig bis hoch, je näher wir uns auf einen Krieg zubewegen, die einzeln oder gesamt eintreten können. Die ausführenden Akteure in diesen Bedrohungsszenarien sind nicht immer zuordenbar (attribuierbar), reichen von bezahlten Einzeltätern über die Organisierte Kriminalität und Terror-Netzwerke bis zu gegnerischen Staaten.

In der RRGV ist die Unterstützung der militärischen Verteidigung durch die zivile Verteidigung konzeptionell angelegt. Beim OPLAN DEU geht es nun darum, die zivilen Unterstützungsleistungen zu benennen und auszuplanen. Umgekehrt hat die zivile Verteidigung in einem eigenen OPLAN die Unterstützungsleistungen der Bundeswehr zu definieren – und in einem Folgeschritt analog zum militärischen OPLAN DEU auszuplanen. Die Akteure bei der militärischen und zivilen Verteidigung sind bekannt, sie gehören nun an einen Tisch gebracht. Den gibt es also noch nicht? Gesamtverteidigung ist eine gesamtstaatliche und gesamtgesellschaftliche Aufgabe. Daher sind zivile Dienstleister einzubinden. Hierzu wurden ausgewählte Vertreter zum Berliner Symposium eingeladen.

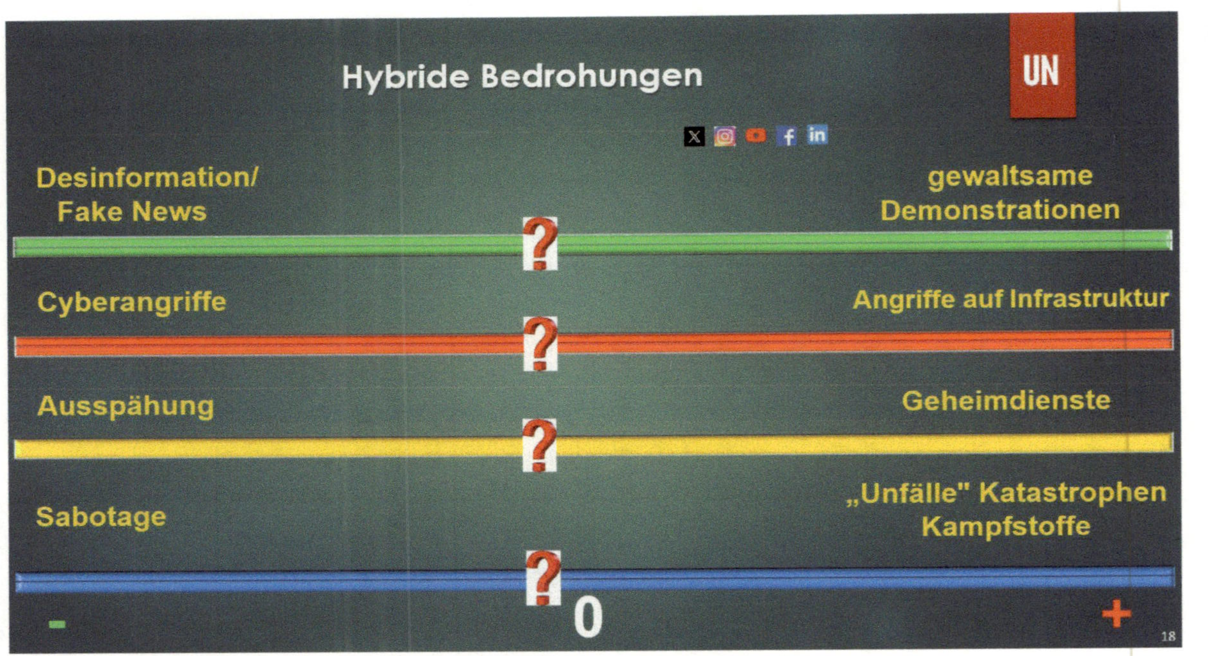

Abbildung 6: Hybride Bedrohungen

Es wäre den Innenministern sowohl auf Bundes- als auch auf Länderebene anzuraten, in eigener Verantwortung öffentliche Symposien für den z.B. „OPLAN Mecklenburg-Vorpommern (MV)" oder „Integrierte Sicherheit MV" durchzuführen. Inhaltlich sollten sich diese Symposien an die Veranstaltung in Berlin beim Operativen Führungskommando der Bundeswehr anlehnen. Es ginge hierbei um länderspezifische, aber auch föderale Verfahren, sowohl zivil als auch zivil-militärisch, die durch Planung und Abstimmung Garanten für eine möglichst reibungslose, friktionsarme Durchführung wären. Im Schwerpunkt dürfte zunächst aber nicht die inhaltliche Frage nach dem OPLAN der einzelnen Bundesländer stehen, sondern die der Resilienz in Vorbereitung und Durchführung effektiver ziviler Verteidigung. „Wehrhaft. Wehrwillig. Wehrbereit." wären die Schlagwörter, über die geredet werden müsste. Dieses Symposium müsste medial begleitet werden, um eine offene Kommunikation mit und in der Bevölkerung zu fördern.

Die Fertigstellung des OPAN DEU war für März 2024 vorgesehen. Vorab erfolgte die Einweisung der Bundesländer durch den Kommandeur des jeweiligen Landeskommandos. Jeder länderspezifische OPLAN, so lautete die Botschaft, entwickele sich auf der Zeitachse, da er Lageänderungen, neuen Bedrohungsszenarien, politischen Entwicklungen und technologischen Sprüngen angepasst werden müsse. Solche Pläne sind ein „living document".

Der OPLAN DEU ist eingestuft, jeder Teil also mit entsprechenden Geheimhaltungsgraden versehen. Daher darf der Autor nicht auf weitere Bestandteile dieses Plans eingehen.

Was bedeutet der OPLAN DEU nun für die Resilienz? Der OPLAN DEU ist als Durchführungsplan für die Landesverteidigung und Deutschlands Rolle als logistische Drehscheibe die Planungsgrundlage für die unterste Ebene in Deutschland, also für die Bundesländer, welche diese Vorgaben über Regierungsbezirke/Landkreise bis zu den Gemeinden herunterbrechen müssen. Damit betrifft er direkt die Bevölkerung, letztlich jeden einzelnen Bürger.

Während der Veranstaltungen der Bundeswehr, die der Einweisung beispielsweise der unteren Katastrophenschutzbehörden in den OPLAN DEU dienten, ist klar geworden, dass einige Teilnehmer bis zum Ende glaubten, es handele sich möglicherweise nur um eine Übungsplanung. Eine Übung, an der das Bundesland bzw. die jeweilige Behörde teilnehmen könne oder eben auch nicht. Eine Übung, die „man" verpassen dürfe und es dennoch tags darauf normal weiterginge wie zuvor. Viele Zuhörer wollten das Gehörte erst gar nicht glauben, hielten den OPLAN DEU für „eine Sau, die durchs Dorf getrieben werde". Sie mussten die ihnen gegebenen Informationen erst einmal sacken lassen. Eine Unterstützungsleistung der Streitkräfte wie die Amtshilfe nach Artikel 35 Grundgesetz war für viele außerhalb ihrer Vorstellungswelt. Krieg und Einsatz von Streitkräften gäbe es sicherlich auf der Welt, so dachten viele, aber sie fänden nur in Zeitungen oder im Fernsehen statt. Aber doch nicht im eigenen Bundesland!

Nach diesen Veranstaltungen war dem Autor klar, dass eine Grundlage für Resilienz nur zu schaffen sein wird, wenn sich die Menschen den daraus abgeleiteten Forderungen gegenüber aufgeschlossen zeigen und ernsthaft fragen, was dies für unser Land und für sie selbst bedeutet, wenn sie den Begriff umfassend verstehen, ihn für sich annehmen, sich in ihren Einstellungen ändern und darauf ihr „neues" Verhalten ausrichten. Bis unsere Bevölkerung eine Grundresilienz erreichen wird, um in den o.g. Bedrohungsszenarien bestehen zu können, wird es wohl noch Jahre dauern. Wir wollen alle hoffen, dass uns ein Angreifer diese Zeit einräumt.

Nach dem Operationsplan Deutschland bleibt für die Resilienz festzuhalten:

- ➢ Wir müssen unsere Fähigkeiten gegen Desinformationen und Fake News stärken.
- ➢ Wir müssen uns gegen Cyberangriffe und Angriffe gegen Kritische Infrastruktur verteidigen.
- ➢ Wir müssen uns vor Ausspähungen und Sabotage schützen.
- ➢ Wir müssen uns gegen „Unfälle" schützen.
- ➢ Wir müssen alle wehrwillig, wehrbereit und wehrhaft sein.
- ➢ Wir müssen die Notwendigkeit zur Stärkung der eigenen Resilienz anerkennen.

Um den Menschen Mut zu machen, hat der Autor dargelegt, dass Resilienz ein Prozess ist, der Zeit braucht, ein Weg ist, der beschritten werden muss. Resilienz kann sich jeder aneignen, kann also als ein Lernprozess verstanden werden. Am Ende steht neben der Resilienz der Stolz – auch auf sich selbst.

Im kleinen Kreis hat der Autor eine Geschichte aus seiner Leutnantszeit erzählt, welche die Bedeutung von

Resilienz sehr gut veranschaulicht. Körperpflege dient nicht nur dem Wohlgeruch, sie beugt auch Infektionen und anderen Übeln vor. Hygiene ist darüber hinaus eine Frage des „Sich Fühlens". Wie auch immer: Die Einsatzbereitschaft seines Zuges konnte jeder Vorgesetzte nach einer mehrwöchigen Übung förmlich „riechen". Die Versorgung mit Hygieneartikeln lag in der Hand des Soldaten selbst, der Kompaniefeldwebel („Spieß") unterstützte durch Bereitstellung von Marketenderwaren, die Versorgung mit warmem Wasser lag oftmals in „Gottes Hand". Also wurde für die Körperpflege in der Garnison – durch diesen Zugführer – übungsvorbereitend befohlen, nur mit kaltem Wasser zu duschen. Das Gemurre war groß. Es musste ihn damals nicht stören. Nach einem guten Monat war das Duschen mit kaltem Wasser kein Thema mehr. Duschen mit kaltem Wasser war aber nicht das, was Resilienz ausmachte. Die Resilienz zeigte sich Monate später. Im Spätherbst wurden in nahezu allen Gebäuden in der „Husaren-Kaserne" in Sontra die Wasserleitungen ausgewechselt, weil sie neben Wasser auch gesundheitsschädigenden Rost transportierten. Duschen mit heißem Wasser fand also über Wochen nicht statt. In dem gesamten Bataillon gab es keinen weiteren Zug, an dem dieser Missstand derart „kalt abtropfte" wie bei meinem. Es machte den Soldaten schlicht nichts mehr aus. Dieser Zug war während der Renovierung nach Technischem Dienst, Sport, Marsch und Geländeausbildung stets geduscht und „einsatzbereit". Das stoische „Ertragen" ohne Murren, ja der Stolz darauf, trotz der Einschränkungen hochmotiviert zu dienen, war die an den Tag gelegte eigentliche Resilienz!

Schlussbemerkungen

Der Autor hat Ihnen, verehrte Leserin und Leser, die vier wichtigsten Dokumente der Gesamtverteidigung vorgestellt, ergänzt um die Resilienzstrategie und die Ausführungen zum Operationsplan Deutschland. Er wollte Ihnen „Werkzeuge" an die Hand gegeben, also Definitionen und Begriffserläuterungen, sowie Sie auf kurze Exkursionen entführen, beispielsweise in Strategie und Kommunikation. Nun sollten Sie die Zeit finden, darüber nachzudenken und Schlussfolgerungen für sich, ihre Angehörigen und auch für Ihre Arbeit oder für Ihr ehrenamtliches Engagement zu ziehen.

Der Autor selbst hatte mit der amtlichen Resilienzstrategie die Erwartung verbunden, eine konzeptionelle Vorstellung vermittelt zu bekommen, wie Deutschland Resilienz im Allgemeinen und seine Resilienz gegen Katastrophenfälle im Besonderen herzustellen gedenkt und wie unser Land diese nachhaltig am Laufen halten würde. Dass die Deutschen „das Katastrophenrisiko verstehen", reichte mir allerdings nicht aus. Dass das von ihnen erwartete „Herstellen der persönlichen Resilienz" nicht als Handlungsfeld in die offiziellen Dokumente aufgenommen wurde, ist für mich ernüchternd und enttäuschend. Nun mag mir entgegengehalten werden, dass persönliche Resilienz nichts in einer Strategie zu suchen habe. Ich bin dagegen der Auffassung, dass, wenn es eine warme Heizung in die Nationale Sicherheitsstrategie schaffte, es auch die personenbezogene Resilienz in die Resilienzstrategie schaffen sollte. Es wird nichts an dem verbreiteten Gefühl, selbst nicht betroffen zu sein, ändern, wenn der Bürger „in Ruhe" gelassen wird. Wenn in der Resilienzstrategie nicht „drinsteht", a) dass jeder resilient zu sein hat, b) was er dafür zu tun hat und c) wie der Staat ihn dabei unterstützt, dann wird die Förderung von Resilienz auch nicht zu einem handlungsleitenden Verhalten, zu einer Selbstverständlichkeit werden. Wenn an vielen Berliner oder Kölner Hausecken das Schild: „Müll abladen verboten" erforderlich ist, um für Ordnung und Sauberkeit zu sorgen und damit Seuchen vorzubeugen, aber dennoch an vielen Orten Müllhaufen herumliegen, dann mag jeder von Ihnen eine Vorstellung davon erhalten, wie sich dieses Verhalten in einer angespannten Bedrohungslage fortsetzen könnte.

Der Bundeskanzler hat es leider verpasst, den Deutschen in seiner Zeitenwenderede „einmal die Karten zu legen" und sie zu mehr Resilienz aufzurufen oder sogar zu ermahnen. Ein Blick in den Koalitionsvertrag für die 21. Legislaturperiode lässt den Autor nicht zu der Annahme gelangen, dass die neue Regierung der Resilienz einen höheren Stellenwert einräumt als das Scholz-Kabinett.

Versäumnisse bei der eigentlich so wichtigen Förderung von Resilienz treten bereits sehr früh auf. Schlechte Noten in der Schule führen im Zweifelsfalle nicht zur Förderung von Lerndisziplin, sondern zur Forderung nach deren Abschaffung. Das eigentlich notwendige Sparen im Staatshaushalt führt beispielsweise nicht zu einer Überprüfung von Ausgaben, sondern reflexartig zu einer Aufnahme von noch mehr Schulden. Pflichten nicht den Bürgerrechten hintanzustellen, sondern beide in der Waage zu halten, ist das Gebot der Stunde. Einen Dialog einzufordern reicht nicht aus, ein Dialog ist zu beginnen und zu führen, gerade von Seiten der Politik. Ziel dieses Dialogs muss es sein, schnell alle Handlungsebenen zu durchdringen, um jeden einzelnen Bürger zu erreichen.

Nun können Sie mir, verehrte Leserin und verehrter Leser, natürlich vorwerfen, der „Nerger" redet ja nur und handelt (auch) nicht. Das kann der Autor naturgemäß nicht so stehen lassen. Zum einen, weil er Ihnen dieses Thema einfach verständlich aufbereitet hat, damit Sie sich ein Urteil zur Bedeutung und Notwendigkeit von Resilienz bilden und Ihren eigenen Beitrag dazu ausloten können. Hinweise darauf, was Resilienz für Sie bedeuten könnte und wie Sie diesen Beitrag leisten können, konnten Sie am Ende jedes Kapitels lesen. Dabei kommt der Eigenverantwortung der höchste Stellenwert zu. Aber auch auf die Eigenverantwortung trifft zu: Der Name ist nicht das Ding. Der Begriff ist nicht das Resultat.

Erwachsene können Kindern sagen, dass sie sich „etwas" vorstellen oder den dazu passenden Begriff immer wieder vorsagen sollen, damit „es" in Erfüllung geht. Das mag bei Kindern vielleicht funktionieren, wird uns aber nicht bei der Stärkung unserer Resilienz helfen. Resilienz wird nicht dadurch gestärkt, dass ein Chor von Politikern dieses Lied kanonartig vorträgt. Die Resilienz(-strategie) würde so zu einer russischen Matroschka, deren letzte Figur wieder keine Tat, sondern nur ein Wort beinhaltet.

Resilienz ist bei jedem von uns auszubilden, sie ist mehr als eine Charaktereigenschaft, stärkt aber zugleich den Charakter. Resilienz kann beschwerlich sein, kann wehtun, kann aber auch glücklich machen. Warum? Weil sie uns in vielen Lebenssituationen hilft.

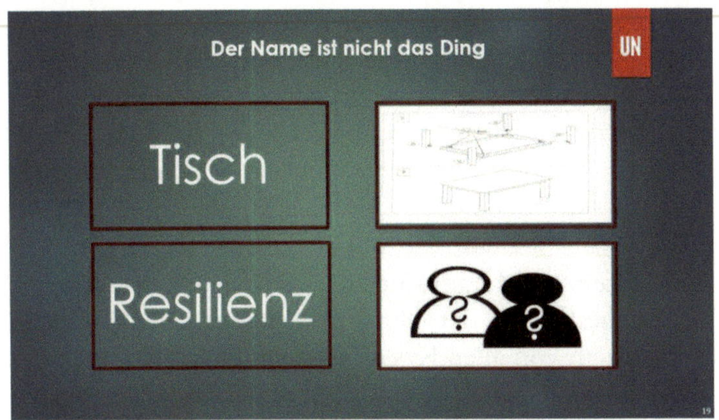

Abbildung 6: Begriff und Resultat

Abbildung 7: „Ich" und meine Umgebung

Resilienz geht von der Einzelperson (Ich) aus. Sie wird von ihr transportiert, durch Wort und Verhalten, wirkt selbst auf einen potenziellen Aggressor (Andere) ein, trägt also auch zur Abschreckung bei. Schon Kindern bläuten die Eltern früher von klein auf ein: „Halte durch, beiß die Zähne zusammen." Wir Ältere sollten die Kindererziehung nicht aus eigener Bequemlichkeit über Bord werfen.

Wir stehen nicht am Ende der Geschichte. Selbst wenn sich die Lage in der Ukraine entspannt, selbst wenn es zu einem von allen Kriegsbeteiligten akzeptierten Frieden kommen sollte, werden wir nicht ausschließen können, dass es erneut zu einem Angriff auf die Ukraine kommt oder ein NATO-Verbündeter angegriffen wird. Unser Engagement für ein verteidigungsbereites und zuverlässiges Deutschland dürfte selbst bei erfolgreichen Friedensverhandlungen mit Russland nicht wieder eingestellt werden. Das „Einfahren einer Friedensdividende" im Sinne von „Konsumieren statt Investieren" sollte uns kein zweites Mal passieren.

Zum anderen geht der Autor in diesem Moment ein Projekt mit dem Namen „resOrt" an. Es dient der Stärkung von Resilienz in einem und für einen Ort. Die Themen reichen von der inneren Einstellung der Dorfbewohner (Eigenverantwortung) über die Vermittlung von Grundlagenkenntnissen (Vorträge und Ausbildungen) bis hin zur Ausgestaltung des täglichen, des wirklichen Lebens einschließlich der Maßnahmen der Dorfverwaltung. Wir wollen jedem Einwohner dabei helfen, beispielsweise seine Blutgruppe zu bestimmen, seine notwendigen Medikamente aufzulisten, seine Hausapotheke aufzufüllen, seine Taschenlampe mit Batterien zu bestücken, Nahrungsmittel und Wasser für einen möglichen Stromausfall einzulagern, einfache Feuer löschen zu können, ausreichend Decken gegen Kälte zur Hand zu haben und vieles mehr. Wir sprechen hier von einer Hilfe zur Selbsthilfe.

Was Resilienz für jeden Einzelnen im „resOrt" bedeutet, werden wir zusammen mit den Einwohnern herausarbeiten. Dabei gibt es keinen „Resilienz-Masterplan". Resilienz in Schwerin bedeutet etwas anderes als auf der Insel Poel. Resilienz für einen Zwanzigjährigen bedeutet etwas anderes als für einen bettlägerigen Achtzigjährigen. Resilienz für das Individuum bedeutet etwas anderes als für eine Kleingruppe. Diese Maßnahmen sollen die Bürger nicht abschrecken, sie sollen ihm Vertrauen in seine eigenen Fähigkeiten und die seiner „Nachbarn" verschaffen. Es geht um Vertrauen in die eigene Widerstandskraft in „Frieden, Krise, Katstrophe und Krieg".

Am Ende kommt der Autor doch nicht herum, Ihnen „(s)ein Angebot von Resilienz zu machen, das Sie nicht ablehnen können". Es kommt auf Sie alle an. Auf jeden Einzelnen. Auch Sie haben eine Verantwortung für den „resOrt", in dem Sie und Ihre Familie leben.

Mein Resilienzangebot:

Nicht „Batman", „Batwoman" „Robin Hood" oder „Laura Craft" sein.

> Wir müssen „Wollen" wollen.
> Wir müssen aufhören „zu jammern".
> Wir müssen kritisch, auch selbstkritisch sein.
> Wir müssen selbstständig sein.
> Wir müssen eigenverantwortlich sein.
> Wir müssen nachbarschaftlich denken.
> Wir müssen aufhören, egoistisch zu sein.
> Wir müssen uns fit halten wollen.
> Wir müssen „retten, bergen, schützen" wollen.
> Wir müssen „Erste Hilfe" leisten können.
> Wir müssen wehrwillig, wehrbereit und wehrhaft sein wollen.
> Wir müssen die Notwendigkeit zur eigenen Resilienz anerkennen.
> Wir müssen respektvoll sein wollen.
> Wir müssen in Frieden und Freiheit leben wollen.

Dank

Ich danke ganz herzlich meinem Kameraden, Freund und Herausgeber Uwe Hartmann für seine kritischen Anmerkungen und Korrekturen.

Carola Hartmann Miles-Verlag

<u>Standpunkte und Orientierungen</u>

Uwe Hartmann (Hrsg.), *Lernen von Afghanistan. Innovative Mittel und Wege für Auslandseinsätze,* Berlin 2015.

Uwe Hartmann, *Hybrider Krieg als neue Bedrohung von Freiheit und Frieden. Zur Relevanz der Inneren Führung in Politik, Gesellschaft und Streitkräften,* Berlin 2015.

Florian Beerenkämper, Marcel Bohnert, Anja Buresch, Sandra Matuszewski, *Der innerafghanische Friedens- und Aussöhnungsprozess,* Berlin 2017.

Martin Sebaldt, *Nicht abwehrbereit. Die Kardinalprobleme der deutschen Streitkräfte, der Offenbarungseid des Weißbuchs und die Wege aus der Gefahr,* Berlin 2017.

Christian J. Grothaus, *Der „hybride Krieg" vor dem Hintergrund der kollektiven Gedächtnisse Estlands, Lettlands und Litauens,* Berlin 2017.

Uwe Hartmann, *Der gute Soldat. Politische Kultur und soldatisches Selbstverständnis heute,* Berlin 2018.

Christian Bauer, Marcel Bohnert, Jan Pahl, *Vitalis Innere Führung! Zum Status Quo der Führungskultur in den deutschen Streitkräften,* Berlin 2019.

Helmut Jermer, *Innere Führung kompakt. Eine Zusammenschau als Lehr- und Lernhilfe,* Berlin 2019.

Martin Sebaldt, *Das Elend der Strategen. Warum die deutsche Militärpolitik versagt,* Berlin 2020.

Hannes Wendroth, *Gute Führung – (k)ein Selbstgänger. Kleine Führungshilfe mit praktischen Hinweisen und persönlichen Anmerkungen,* Berlin 2022.

Hans-Christian Witthauer, Thomas Saller, *Führung und das 3 Alpha Prinzip. Militärisches Handwerkszeug für den zivilen Führungsalltag,* Berlin ²2024.

Marcel Bohnert, *Vom Schatten ins Licht. Zeitenwende in der deutschen Veteranenkultur*, Berlin 2024.

Sicherheitspolitik

Thomas Jäger, Ralph Thiele (Hrsg.), *Der Politische Islamismus als hybrider Akteur globaler Reichweite. Die liberale demokratische Ordnung muss ihre Resilienz stärken*, Berlin 2021.

Uwe Hartmann, *Die Nato. Mächte und Menschen in der transatlantischen Allianz*, Berlin 2021.

Dirk Freudenberg, *Wehrhaftigkeit der Medienordnung – Rechtliche und rechts-politische Probleme vor dem Hintergrund der Konzeption Zivile Verteidigung (KZV)*, Berlin 2022.

Carsten Rechtien, *Trumps Amerika – Eine geopolitische Revolution? Tradition und Neuausrichtung der US-Außenpolitik in der beginnenden Ära Trump*, Berlin 2022.

Hans-Peter Weinheimer, *Bevölkerungsschutz 2030 –Anleitung zur Überwindung eines "bewährten" Systems*, Berlin 2022.

Militär und Gesellschaft

Marcel Bohnert, Lukas J. Reitstetter (Hrsg.), *Armee im Aufbruch. Zur Gedankenwelt junger Offiziere in den Kampftruppen der Bundeswehr*, Berlin 2014.

Alois Bach, Walter Sauer (Hrsg.), *Schützen.Retten.Kämpfen. Dienen für Deutschland*, Berlin 2016.

Marcel Bohnert, Björn Schreiber (Hrsg.), *Die unsichtbaren Veteranen. Kriegsheimkehrer in der deutschen Gesellschaft*, Berlin 2016.

Angelika Dörfler-Dierken (Hrsg.), *Hinschauen! Geschlecht, Rechtspopulismus, Rituale: Systemische Probleme oder individuelles Fehlverhalten?*, Berlin 2019.

Militärgeschichte

Eberhard Kliem, Kathrin Orth, *"Wir wurden wie blödsinnig vom Feind beschossen". Menschen und Schiffe in der Skagerrakschlacht 1916,* Berlin 2016.

Hans Frank, Norbert Rath, *Kommodore Rudolf Petersen. Führer der Schnellboote 1942–1945. Ein Leben in Licht und Schatten unteilbarer Verantwortung,* Berlin 2016.

Joachim Welz, *Erfolgsstory oder Trauma – die Übernahme von Armeen. Lehren aus der Übernahme des österreichischen Bundesheeres in die Wehrmacht 1938 und der Reste der NVA in die Bundeswehr 1990,* Berlin 2018.

Georg Neuhaus, *Am Anfang war ein Speer. Eine Chronographie der Kriegs- und Militärtechnologien,* Berlin 2018.

Jobst Reller, *Die Anfänge der evangelischen Militärseelsorge,* Berlin [2]2020.

Eberhard Frhr. v. Senden, Friedrich Frhr. v. Senden, *Der Erste Weltkrieg 1914–1918. Erlebnisse eines jungen Leutnants,* Berlin 2020.

Hans-Günter Behrendt, *Flugabwehr in Deutschland. Stationierungsorte und Systeme 1956-2012,* Berlin 2021.

Harald Fritz Potempa, *Balkan 1914-1945. Raum und Kleiner Krieg als militärhistorische Kategorien in der Wahrnehmung deutscher Streitkräfte,* Berlin 2021.

Stephan Horn, *Französische und wallonische Freiwilligenverbände im Zweiten Weltkrieg. Politische Implikationen militärischer Kollaboration,* Berlin 2021.

Jörg Beining, *Streng geheim! Elektronische Kampfführung im Kalten Krieg. Die EloKa der Bundeswehr und NATO aus östlicher Perspektive,* Berlin 2021.

Martin Kutz, *Die Schlacht als Männerballett oder Mythos und Militär,* Berlin 2022.

Olaf Rönnau, *Eine totale Institution als Zwischenspiel. Die Kadettenschule der NVA von ihrer Gründung 1956 bis zu ihrer Auflösung 1961,* Berlin 2022.

Stephan Maninger, *Für einige Morgen aus Eis und Schnee – Großbritanniens Kampf um Nordamerika 1754-1763,* Berlin 2022.

Eberhard Birk, *Die Deutschen und ihr Militär. Ein Streifzug mit Variationen und Reflexionen über ein einfach schwieriges Thema,* Berlin 2023.

Gerd Bolik, *NATO-Planungen für die Verteidigung der Bundesrepublik Deutschland im Kalten Krieg,* Berlin [2]2023.

Erinnerungen

Blue Braun, *Erinnerungen an die Marine 1956–1996,* Berlin 2012.

Klaus Grot, *So war's, damals. Dienstchronik eines Pionieroffiziers im Kalten Krieg 1954–1991,* Berlin 2014.

Gustav Lünenborg, *Bürger und Soldat. Innere Führung hautnah 1956–1993, 1993–2015,* Berlin 2015.

Adolf Brüggemann, *Als Offizier der Bundeswehr im Auswärtigen Dienst. Meine Erinnerungen als Militärattaché in Seoul (Republik Korea) 1978–83 und in Prag (Tschechoslowakei/Tschechien) 1988–1993,* Berlin 2015.

Rainer Buske, *Eine Reise ins Innere der Bundeswehr. Wundersame Geschichten aus einer anderen Welt,* Berlin 2016.

Heinz Laube, *Duell am Himmel,* Berlin 2016.

Viktor Toyka, *Dienst in Zeiten des Wandels. Erinnerungen aus 40 Jahren Dienst als Marineoffizier 1966-2000,* Berlin 2017.

Hans-Eckhard Tribess (Hrsg.), *Im Leben unterwegs – für den Frieden. Festschrift für Wolfgang Altenburg zum 90. Geburtstag am 22. Juni 2018*, Berlin 2019.

Kurt Graf v. Schweinitz, *Notizen im Transit von Krieg und Frieden*, Berlin 2020.

Karl-Otto Behrendt, *Der kurze Bericht über eine lange Zeit. Kriegsgefangenschaft 1945–1953, herausgegeben und kommentiert von Hans-Günter Behrendt*, Berlin 2021.

Hans Peter von Kirchbach, *Herz an der Angel*, Berlin 2021.

Dieter Wolf, *Erlebnisse eines MAD-Offiziers und Leistungssportlers*, Berlin 2022.

Klaus Beckmann, *Dienstweg – kein Durchgang? Als Pfarrer und Staatsbürger in der Bundeswehr*, Berlin 2022.

Bernhard R. Kroener, *Lebensscherben – Hoffnungsspuren. Eine Familie aus Schlesien in den Stürmen des 20. Jahrhundert. In zwei Bänden. Eine dokumentarische Erzählung. Mit einer Familienstammfolge von Peter Bahl*, Berlin 2023.

Martens, Rolf, *Marine - Wirtschaft - Wissenschaft. Erlebnisse, Begegnungen und Reflexionen eines Offiziers der Nachkriegsgeneration 1958-2008*, Berlin 2025.

Offiziersbibliothek

Uwe Hartmann, *Offiziersbibliothek I. Deutschland*, Berlin 2020.

Franz H.U. Borkenhagen, Uwe Hartmann, *Offiziersbibliothek II. Internationale Beziehungen und Sicherheitspolitik*, Berlin 2021.

www.miles-verlag.jimdo.com